GMAT Vorbereitung

Über dieses Buch

Dieses Buch ist für alle, die sich optimal auf den GMAT (Graduate Management Admission Test) vorbereitet wollen. Es bietet einen fundierten Einstieg in den Test und erklärt dabei den Aufbau, sowie alle Fragetypen, die es im Test gibt, im Detail. Der Fokus des Buchs liegt auf den konkret anwendbaren Techniken und Lösungsstrategien, mit denen GMAT-Fragen schneller und sicherer gelöst werden können. Alle Techniken werden anhand von Beispiel-Fragen anschaulich erklärt, so dass sich schnell ein erster Lernerfolg einstellt. Zusätzlich bietet das Buch auch einen Insider-Blick hinter die Kulissen des Tests und erklärt dabei, wie man den Punkte-Mechanismus des GMAT nutzen kann um eine optimale Strategie abzuleiten.

Über den Autor

Dr. Patrick Planing ist Professor für Wirtschaftspsychologie an der Hochschule für Technik Stuttgart und Dozent für GMAT-Vorbereitungskurse und Herausgeber von gmat-test.de. Er hat selbst bereits 2004 den GMAT in den USA abgelegt und ist seitdem als GMAT-Trainer und Coach tätig. Basierend auf jahrelanger Erfahrung im Bereich GMAT-Training im In- und Ausland bietet Patrick Planing hoch aggregiertes Wissen und effektive Strategien, um in kurzer Vorbereitungszeit ein bestmögliches GMAT-Ergebnis zu erzielen. Neben den üblichen Techniken, Tipps und Übungen bietet er einen Insider-Einblick in die Funktionsweise des Tests und viele Tipps zu den Strategien der Top-Scorer

.

GMAT Vorbereitung

Strategien und Techniken für den Einstieg bis zur Top-Score

Prof. Dr. Patrick Planing

Bibliografische Information der Deutschen Bibliothek
Die Deutsche Bibliothek verzeichnet diese Publikation in der Deutschen Nationalbibliografie; detaillierte bibliografische Daten sind im Internet über http://dnb.ddb.de abrufbar.

Planing Publishing
Patrick Planing Personal Publishing
Heusteigstr.40
70180 Stuttgart
Druck und Vertrieb: Ingram Spark

Verlag: Planing Publishing
ISBN: 978-3-949730-00-9
Cover: Patrick Planing & Ilena Becic
Layout: Johann-Christian Hanke

Widmung
Dieses Buch ist allen gewidmet, die den Mut haben
sich dem GMAT zu stellen

Hinweis zum GMAT ®Test und zu diesem Buch

Der Graduate Management Admission Test GMAT® ist ein eingetragenes Markenzeichen der des Graduate Management Admission Council™. Der Autor dieses Buchs steht in keinerlei Zusammenhang zu dem Test oder seinen Herausgebern. Aufgrund der besseren Lesbarkeit wird im Fließtext auf das ® verzichtet. Der Autor hat die Inhalte dieses Buches mit größter Sorgfalt zusammengestellt, kann jedoch nicht die Aktualität der Inhalte in Bezug auf den derzeit angebotenen GMAT® garantieren. Die Leser sind daher aufgefordert alle testrelevanten Inhalte selbstständig auf Aktualität und inhaltliche Korrektheit zu überprüfen. Für Fehler im Buch wird keine Haftung übernommen. Anregungen und Fehlerberichte werden aber immer gerne angenommen.

Inhaltsverzeichnis

1 Grundlagen des GMAT 15
1.1 Was ist eigentlich der GMAT 15
1.2 Warum gibt es den GMAT? 15
1.3 Welche weiteren Chancen eröffnet eine gute GMAT Punktzahl? 16

2 Aufbau und Ablauf des Tests 17
2.1 Registrierung für den Test 17
2.2 Der Aufbau des Tests 18
2.3 Der Ablauf im Test-Zentrum 20
2.4 Der Ablauf des Online Tests (zu Hause) 21
2.5 Das Computer-Adaptiver-Test-Verfahren 22
2.6 Das GMAT Punkte-System 23
2.7 Der GMAT Punkte- Algorithmus 24
2.8 Nicht beantwortete Fragen 26
2.9 Der Score-Report 28

3 Die Vorbereitung 30
3.1 Zeitaufwand 30
3.2 Vorbereitungs-Materialien 31
3.3 Die wichtigsten Vorbereitungstipps zusammengefasst 32
3.4 Error-Log 33
3.5 Zeitmanagement üben 36
3.6 Nutzung des Skizzenpapiers bzw. Whiteboards 37

4 Quantitative Sektion 39
4.1 Die Fragetypen 39
4.2 Ausschlussverfahren 40
4.3 Abschätzen statt rechnen 41
4.4 Einsetzverfahren 42
4.5 Rückwärtsrechnen 44
4.6 Die GMAT Mathematik 45
4.7 Grundlagen GMAT Arithmetik 45
4.8 Grundlagen GMAT Kennwerte und Mengenlehre 47
4.9 Grundlagen GMAT Wahrscheinlichkeitsrechnung 49
4.10 Grundlagen GMAT Kombinatorik 51
4.11 Grundlagen GMAT Algebra 53
4.12 Grundlagen GMAT Geometrie 55
4.13 Weitere Formeln und Regeln für den GMAT 59
4.14 Problem Solving: Übungsaufgaben und Lösungsstrategien Level leicht 59
4.15 Problem Solving: Übungsaufgaben und Lösungsstrategien Level medium 64

4.16 Problem Solving: Übungsaufgaben und Lösungsstrategien Level schwer 69
4.17 Data Sufficiency 77
4.18 Data Sufficiency: Aufbau der Aufgaben 77
4.19 Data Sufficiency: Grundsätzliche Lösungsstrategie 78
4.20 Data Sufficiency: Übungsaufgaben und Lösungsstrategien Level leicht 80
4.21 Data Sufficiency: Übungsaufgaben und Lösungsstrategien Level mittel 84
4.22 Data Sufficiency: Übungsaufgaben und Lösungsstrategien Level schwer 87

5 Verbal Sektion 93

5.1 Sentence Correction 93
5.2 Die 10 Sentence Correction Regeln 94
5.3 Die Sentence Correction Methodik 102
5.4 Sentence Correction: Übungsaufgaben Level leicht 103
5.5 Sentence Correction: Übungsaufgaben Level mittel 106
5.6 Sentence Correction: Übungsaufgaben Level schwer 108
5.7 Reading Comprehension 111
5.8 Reading Comprehension: Generelles Vorgehen 112
5.9 Reading Comprehension: Tipps und Strategien 113
5.10 Reading Comprehension: Übungsaufgabe Level leicht 115
5.11 Reading Comprehension: Übungsaufgabe: Level mittel 122
5.12 Reading Comprehension: Übungsaufgabe Level schwer 128
5.13 Critical Reasoning 134
5.14 Fragetypen im Critical Reasoning 135
5.15 Critical Reasoning: Übungsaufgaben Level leicht 137
5.16 Critical Reasoning: Übungsaufgaben Level mittel 139
5.17 Critical Reasoning: Übungsaufgaben Level schwer 142

6 Integrated Reasoning 146

6.1 Generelle Tipps für Integrated Reasoning 146
6.2 Multi-Source Reasoning 147
6.3 Multi-Source Reasoning Übungsaufgaben 148
6.4 Table Analysis 151
6.5 Table Analysis Übungsaufgaben 152
6.6 Two-Part Analysis 154
6.7 Two-Part Analysis Übungsaufgabe 154
6.8 Graphics Interpretation 155
6.9 Graphics Interpretation Übungsaufgaben 156

7 Das Essay 159

7.1 Analysis of an Argument 159
7.2 Das Vorgehen beim Essay 160
7.3 Bewertungskriterien für das Essay 161
7.4 Essay Templates 162
7.5 Essay-Übungsaufgabe 163

8 Nächste Schritte 166

9 Anhang ... 168
9.1 GMAT Testcenter Deutschland/ Österreich/ Schweiz ... 168
9.2 Liste häufiger GMAT Begriffe und Ihrer Bedeutung ... 170

Eine Investition in Wissen bringt immer noch die besten Zinsen

Benjamin Franklin

1 Grundlagen des GMAT

1.1 Was ist eigentlich der GMAT

Willkommen bei Ihrer Reise durch die GMAT Vorbereitung. Auf den ersten Blick schreckt dieser Test mit dem sperrigen Namen *Graduate Management Admission Test* (oder eben kurz GMAT) und der **Länge von ca. 3,5 Stunden** viele ab. Genau das ist übrigens auch beabsichtigt, denn der Test soll die Auswahl für Master-Programme erleichtern und selektiert damit schon all diejenigen aus, die nicht bereit sind sich dieser Herausforderung zu stellen. Zugegeben, **ein komplexes Testsystem und strenge zeitlicher Begrenzung machen den GMAT zu einer Herausforderung**. Das im Wesentlichen auf Multiple-Choice-Fragen bestehende Test-Schema ist für europäische Studierende ungewohnt und erfordert daher eine gründliche Vorbereitung. Doch wer genügend Zeit für die Vorbereitung einplant, der hat gute Chancen sich durch eine hoho GMAT-Punktzahl von anderen Bewerbern abzusetzen. Jährlich legen den Test weltweit über 250.000 Teilnehmer ab. Deutschland ist in Europa das Land mit den häufigsten Anmeldungen zum GMAT Test, derzeit rund 5.000 pro Jahr.

Der GMAT Test dauert über 3 Stunden

Der GMAT ist wesentliches **Zulassungskriterium für ein MBA-Studium** (Master of Business Administration), das grundsätzlich Bachelor-Absolventen allen Studienrichtungen offensteht. Zudem wird der GMAT-Test **in Deutschland zunehmend auch als Zulassungskriterium** für konsekutive Masterstudiengänge eingeführt, wie z.B. an den Universitäten Mannheim, München, Nürnberg, Köln und vielen deutschen Hochschulen. International ist der GMAT wichtigstes Zulassungskriterium für Master-Studiengänge in Wirtschaftswissenschaften.

Ohne GMAT wird die Bewerbung an einer renommierten Business School nicht funktionieren

1.2 Warum gibt es den GMAT?

Grade für die renommierten Masterprogramme in den Wirtschaftswissenschaften gibt es deutlich mehr Bewerber als Plätze und die Auswahl geeigneter Kandidaten gestaltet sich oft schwierig da **Bachelor-Abschlussnoten unterschiedlicher Studiengänge nur schwer vergleichbar sind**. Der GMAT bietet der großen Vorteil, dass er weltweit standardisiert angeboten wird und hat sich daher als **objektives Auswahlkriterium für Master- Studiengängen** in den Wirtschaftswissenschaften international etabliert. Sehen Sie dies auch als Chance: Mit einem guten GMAT-Ergebnis können Sie andere Schwächen, wie z.B. mangelnde Berufserfahrung oder unterdurchschnittliche Zeugnisnoten, leicht ausgleichen.

Der GMAT ermöglicht Studiengängen eine objektive Auswahl

1.3 Welche weiteren Chancen eröffnet eine gute bzw. sehr gute GMAT Punktzahl?

Auch ein Stipendium kann durch ein gutes GMAT Ergebnis erreicht werden

Das internationale Ranking von Master- und MBA-Programmen orientiert sich oft am durchschnittlichen GMAT-Ergebnis der zugelassenen Studenten. Die Programme sind daher auf Bewerber mit überdurchschnittlichem GMAT-Score angewiesen und vergeben gezielt Stipendien an „Top-GMAT-Scorer". Ein herausragendes GMAT Ergebnis von über 700 Punkten öffnet daher oft das Tor zu einem Voll-Stipendium an einer Top Business School. Ein solches Stipendium bewegt sich grade in den USA leicht im sechsstelligen Dollar-Bereich, was bedeutet, dass die Zeit, die Sie in die Vorbereitung für den GMAT stecken sich schon sehr schnell auszahlen kann.

2 Aufbau und Ablauf des Tests

Im nächsten Schritt wollen wir uns näher damit beschäftigen wie der Test aufgebaut ist. Zunächst widmen wir uns aber den Formalitäten.

2.1 Registrierung für den Test

Anmeldung unter www.mba.com

Die Registrierung zum GMAT Test ist **ausschließlich online** auf der Webseite des Testanbieters GMAC (Graduate Management Admission Council) möglich. Um sich für den Test anzumelden, müssen Sie ein Nutzerprofil anlegen und eine Kreditkarte für die Bezahlung der Testgebühr von derzeit **250 Euro** hinterlegen.

Grundsätzlich haben Sie die Wahl ob Sie den Test zu Hause an ihrem eigenen PC oder in einem Testcenter ablegen (dazu später mehr). Für den Test gibt es keine festen Termine. Er kann **jeden Werktag** abgelegt werden. Jedoch sollten Sie beachten, dass der Test in einigen der Center nur zeitweise angeboten wird. Eine Liste der Testcenter im Deutschsprachigen Raum finden Sie im Anhang. Die aktuelle Übersicht der verfügbaren Termine in den jeweiligen Test-Centern finden Sie unter www.mba.com.

Sie können den Test **alle 16 Tage wiederholen**, jedoch maximal 5-mal pro Jahr. Die letzten 3 Ergebnisse werden auf dem Score-Report mit angegeben.

Der Test darf 5-mal im Jahr wiederholt werden

Für **Termine in Test-Centern** empfiehlt es sich, einen Testtermin mit ca. 2-4 Wochen Vorlauf zu buchen, wenn abzusehen ist, dass die zu erzielende Punktzahl in diesem Zeitraum in greifbare Nähe rückt. Wenn Sie den Testtermin zu früh festlegen, passiert es leider oft, dass die Zeit zu knapp wird, um sich ausreichend vorzubereiten. Wartet man zu lange mit der Festlegung des Prüfungstermins, dann kann es sein, dass der gewünschte Termin ausgebucht ist

Wählen Sie ein Zeitfenster, das zu Ihnen passt. Sind Sie eher der Morgenmensch, dann wählen Sie ein Zeitfenster am Morgen; sind Sie eher am Nachmittag voll leistungsfähig, dann nehmen Sie ein entsprechendes Zeitfenster am Nachmittag. Es empfiehlt sich, grundsätzlich **genügend Zeit für die Anreise einzuplanen** um die Zeit vor dem Test so wenig anstrengend wie möglich zu gestalten. Jeder Stress vor der Prüfung (z.B. durch Stau oder Schwierigkeiten, den Prüfungsraum zu finden) kostet Sie wertvolle Kondition.

Das Testcenter zu finden kann stressig werden, mehr zum GMAT zu Hause in Kapitel 2.4

TIPP: Testcenter sind von Februar bis April grundsätzlich stark ausgebucht. In dieser Zeit sollten Sie mindestens 4 Wochen vor dem geplanten Testtermin einen Kursplatz reservieren. In den übrigen Monaten ist es ausreichend, 2-3 Wochen vor dem geplanten Testtermin einen Slot zu

2.2 Der Aufbau des Tests

Der Test dauert in Summe ca. 3,5 Stunden und besteht aus einem 30-minütigen Essay, gefolgt von einem 30-minütigen Teil, der sich *Integrated Reasoning* nennt. Darauf folgen nach einer kurzen Pause zwei, je ca. einstündige Multiple-Choice Abschnitte. Einzelne Abschnitte können nicht übersprungen werden und müssen in der vorher ausgewählten Reihenfolge abgearbeitet werden. **Seit 2017 können Sie die Reihenfolge der Test-Teil im GMAT selbst bestimmen.** Im Folgenden besprechen wir zunächst den Standard-Ablauf.

Die Reihenfolge der Testabschnitte können Sie selbst bestimmen

Zu Beginn haben Sie 30 Minuten Zeit, ein Essay zu schreiben (*Analysis of an Argument*). Danach kommt ohne Pause nochmal 30 Minuten der Testteil *Integrated Reasoning* (12 Fragen). **Danach haben Sie 8 Minuten Pause**, die Sie jedoch auch überspringen können. Dann kommt der Mathe Teil. Dieser beinhaltet 31 Fragen. Davon sind ungefähr die Hälfte *Problem Solving* Fragen und die andere Hälfte *Data Sufficiency* Fragen (Was das genau ist schauen wir uns im nächsten Kapitel an). Danach haben sie nochmal 8 Minuten Pause. **Dann kommt die *Verbal Sektion*,** diese beinhaltet 36 Fragen, also ein paar Fragen mehr und beinhaltet 3 Fragetypen (*Sentence Correction, Critical Reasoning* und *Reading Comprehension*). All diese drei Fragetypen kommen ungefähr gleich verteilt, also gleich häufig und auch bunt gemischt. **Für die Mathe Sektion haben sie 62 für die Verbal Sektion 65 Minuten Zeit.** Sie können im Test keine Zeit mitnehmen zwischen den Sektionen (Also übrige Zeit im Verbal Teil hilft Ihnen nicht für den Mathe-Teil und vice verca). Innerhalb der Sektion, also innerhalb von 62, respektive 65 Minuten, können Sie sich die Zeit jedoch frei einteilen. Theoretisch können Sie also auch 10 Minuten brauchen für eine Frage. Dann fehlt Ihnen jedoch die Zeit für die restlichen Fragen. Das bedeutet, dass Sie **im Mittel nur rund zwei Minuten pro Frage haben** und in der Verbal Sektion sogar noch ein bisschen weniger (ca. eine Minute 50 Sekunden pro Frage). Das ist relativ wenig Zeit und das ist eigentlich mit herkömmlich (d.h. in der Schulzeit gelernten) Methoden fast nicht zu schaffen. Wenn ich jede Aufgabe mathematisch korrekt rechne und mir z.B. den kompletten Rechenweg aufschreibe, ist dies bei schweren GMAT Aufgaben in 2 Minuten nicht zu schaffen. Aber es gibt viele Strategien, die wir uns im Folgenden anschauen, mit Hilfe derer das tatsächlich machbar ist. Dennoch ist Z**eitmanagement sicherlich einer der kritischen Punkte im GMAT** und auch ein wichtiges Element der Vorbereitungsstrategie. Deswegen werden wir uns diesem Thema

Im Test kann man keine Zeit mitnehmen zwischen den Sektionen

nochmal gesondert widmen. Hier nochmal tabellarisch der Aufbau des gesamten Tests.

Abschnitt	**Detail**	**Fragen**	**Zeit**
Essay	Essay zu einer Argumentation	1	30 min
Integrated Reasoning	Je ca. 3 Fragen aus unterschiedlichen Aufgabenbereichen • Multi-Source-Reasoning • Table Analysis • Two-Part Analysis • Graphics Interpretation	12	30 min
	8 Minuten Pause		
Math	• Lösung von mathematischen Problemstellungen (Problem Solving) • Bestimmung des Informationsbedarfs zur Problemlösung (Data sufficiency)	31	62 min
	8 Minuten Pause		
Verbal	• Überprüfung von Argumentationsketten (Critical Reasoning) • Korrekturlesen von Sätzen (Sentence Correction) • Lesen und Informationserfassung von wissenschaftlichen Texten (Reading Comprehension)	36	65 min

Alternativ haben Sie die Wahl die Reihenfolge wie folgt zu Ändern:

- Verbal, Quantitative, Integrated Reasoning, Analytical Writing Assessment
- Quantitative, Verbal, Integrated Reasoning, Analytical Writing Assessment.

2.3 Der Ablauf im Test-Zentrum

Die Sicherheitsvorkehrungen im Test-Center sind hoch

Was erwartet Sie am Testtag, wenn Sie sich für den GMAT im Test-Center entschieden? Versuchen Sie zunächst die A**nreise möglichst entspannt zu gestalten** und ausreichend Zeit einzuplanen um nicht schon vor dem Test mentale Kapazitäten zu verlieren. Vergessen Sie Ihren Personalausweis nicht. Ansonsten sollten Sie am besten gar nichts mitbringen, denn grundsätzlich dürfen sie **keine persönlichen Gegenstände mit an den Testplatz nehmen**. Bei Ankunft werden Sie biometrisch vermessen. Das heißt, ein Handvenen-Scanner kommt zum Einsatz und Sie müssen natürlich ein Bild von sich machen lassen, das mit Ihrem Ausweis abgeglichen wird.

Testfragen dürfen nicht veröffentlicht werden

Die hohen Sicherheitsstandards hängen damit zusammen, dass der GMAT weltweit durchgeführt wird. In vielen Ländern der Welt, von Bangladesch bis Peru, können sie den Test ablegen. Natürlich besteht dabei die Gefahr, dass jemand, der vielleicht sehr gut im Test ist, weltweit für andere Leute diesen Test machen könnte. Und um das zu verhindern, **sind die Sicherheitsstandards extrem hoch**. Es geht natürlich auch darum, dass keine Testfragen, die aktuell im Test sind, nach außen bekannt werden. Also **versuchen Sie nicht Testfragen, die Sie im Tests lesen, nachträglich zu veröffentlichen, z.B. in einem öffentlichen Forum**.

Im Test-Center werden Sie an einen Computer mit englischer Tastatur (QUERTY-Layout) sitzen. Hierbei sind neben einigen Satzzeichen die Buchstaben Z und Y vertauscht, was jedoch nur für das Verfassen des Essays eine Rolle spielt.

Jeder Testteilnehmer erhält 5 Seiten Schmierpapier.

Zu Beginn des Tests sollten Sie sich wohl fühlen, denn Sie werden dort für fast vier Stunden sitzen. Wenn Sie unzufrieden sind mit der Situation, z.B., weil es zu laut oder zu dunkel im Testcenter, dann beschweren Sie sich gleich. Wenn der Assistent vor Ort das Computerprogramm startet, kann auch er es nicht mehr aufhalten. Das heißt, selbst wenn Sie einen berechtigten Einwand haben, bedeutet das, dass es von Ihrer Zeit abgeht. **Sie bekommen fünf Seiten laminiertes Papier** (beidseitig beschreibbar). Das können Sie für Trainingszwecke auch zu Hause nach basteln: einfach kariertes Papier durch ein Laminier-Gerät lassen und dann haben Sie das ungefähr gleiche Ergebnis. Nur das Format ist etwas anders. Im Test-Zentrum erhalten Sie das sog. Letter-Format (etwas breiter als DIN A4) und die Karos sind in Inches anstatt Zentimeter. Achten Sie darauf, dass Sie einen Stift bekommen, mit dem Sie gut schreiben können. Keinen großen, keinen zu dicken Folienstift. Sie haben innerhalb des Tests zwei Pausen à acht Minuten. In diesen Pausen können Sie im Prüfungsraum bleiben, wenn Sie wollen. Sie können aber auch rausgehen, müssen dann aber wiederum durch die Schleuse gehen und dort unterschreiben, dass Sie den Raum verlassen haben. **Am Ende des Tests erhalten Sie dann sofort das Ergebnis** (Total-Score) aber dazu mehr im Kapitel „Scoring-System“.

2.4 Der Ablauf des Online Tests (zu Hause)

Seit April 2021 können Sie den GMAT bequem von zu Hause machen.

Bedingt durch die Corona Pandemie wird der GMAT seit dem Sommer 2020 auch in einer Online-Variante angeboten, die man bequem von zu Hause absolvieren kann. Nach einer Probephase wird der GMAT Online seit April 2021 als **vollwertiger Ersatz des stationären GMAT alternativ zum Besuch eines Testcenters angeboten**. Der Ablauf, die Inhalte und die Struktur des Tests sind **nahezu identisch**, daher werden wir an dieser Stelle nur auf die wesentlichen Aspekte des GMAT Online eingehen. **Der Aufbau des Test entspricht 1:1 dem Test im Test-Center**. Der Score Report entspricht auch dem normalen Test. Aktuell kann der Online Test zweimal wiederholt werden. Diese zwei Versuche zählen zu den Gesamtversuchen (Maximal 5 mal pro Jahr und 2 mal im Monat). Auch im Anschluss an den Online Test sehen Sie direkt die Score und können dann entscheiden ob und an welche Unis Sie den Score-Report schicken.

Das Besonderheiten des GMAT Online-Test

- Sie haben deutlich mehr Flexibilität da Sie Zeit und Ort des Tests frei Wählen können.
- Sie werden während des Tests von einem sog. Proctor überwacht. Diesen sehen Sie nicht, er kann jedoch Sie sehen (Angeschaltete Webcam ist verpflichtend) und Sie können per Chat kommunizieren.
- Sie dürfen nichts auf dem Schreibtisch haben und es dürfen keine weiteren Personen im Raum sein.
- Beim Online Test können Sie kostenlos beliebig viele Score Reports versenden (normalerweise ist dies auf 5 beschränkt)
- Um Notizen zu machen haben Sie die Möglichkeit ein Online-Whiteboard zu nutzen. Testen können Sie dieses hier. Alternativ dürfen Sie ein physisches Whiteboard in einem genau definierten Maß verwenden. Wir würden zum physischen Whiteboard raten, da es deutliche Vorteile bietet (gleichzeitig sichtbar, zeichnen mit der Maus entfällt etc.)

-

2.5 Das Computer-Adaptive-Test-Verfahren

Der GMAT ist ein Computer-Adaptiver-Test (CAT), also ein Test, der sich **individuell an die Stärken und die Schwächen des Testteilnehmers anpasst.** Dies ist vergleichbar mit einem Prüfer, der abhängig davon, wie gut oder schlecht ein Proband Fragen beantwortet, den Schwierigkeitsgrad der nächsten Frage auswählt. So geht das GMAT System in der Praxis vor: **Anfangs erhält jeder Geprüfte Fragen der mittleren Kategorie**. Je nachdem, ob er die ersten Fragen richtig beantwortet, bekommt er schwerere oder leichtere Fragen gestellt.

Der Test wählt die nächste Frage immer basierend auf der Letzen Antwort aus.

Jeder Teilnehmer fängt bei mittelschweren Fragen an, da der Computer am Anfang natürlich noch nicht weiß wie schwere Fragen der Teilnehmer beantworten kann. **Wenn diese falsch beantwortet werden, bekommt man leichtere Fragen. Wenn man diese richtig beantwortet bekommt man schwerere Fragen.** Aus diesem Grund kann man im GMAT auch **niemals zurückgehen** und muss jede Frage beantworten um weiter zu kommen. Die folgende Grafik zeigt an einem vereinfachten Beispiel wie ein Computer-Adaptiver-Test funktioniert.

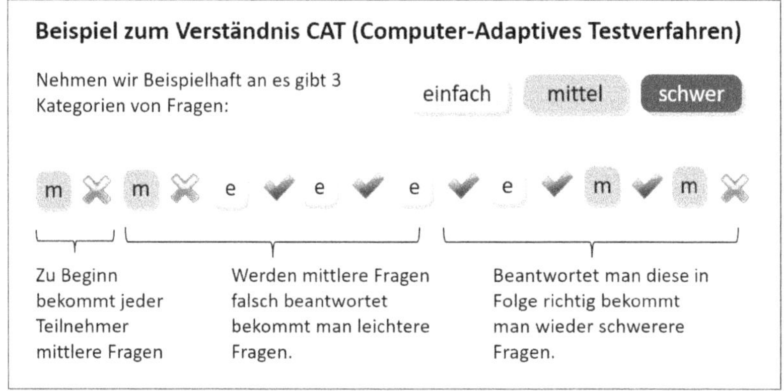

Computer-Adaptives Testverfahren. Quelle: Eigene Darstellung

Jeder Testteilnehmer erhält Fragen, die seinem Niveau entsprechen

Um das CAT-System zu visualisieren gibt es in diesem einfachen Beispiel 3 Schwierigkeitsgrade. Wie viele es im echten GMAT gibt weiß man nicht. Es könnten fünf sein, es könnten auch zehn sein. Es könnte auch skaliertes System sein, welches keine Kategorien, sondern eine Skala nutzt. Das ist eines der vielen Geheimnisse des GMATs. **Fakt ist jedoch, es gibt unterschiedlich schwere Fragen, die je nachdem wie gut Sie die Fragen davor beantwortet haben, ausgespielt werden.** Hierbei bemisst sich die Schwierigkeit einer Frage ausschließlich daran, wie viele Personen in einer Testphase diese Frage falsch bzw. richtig haben und nicht ob die Frage inhaltlich schwierig ist. Es gibt beispielsweise inhaltlich sehr leichte Fragen, die aber ein Wort beinhalten welches oft überlesen wird und daher von vielen Teilnehmer falsch beantwortet werden. Diese werden dann ebenfalls als „schwere Fragen" eingestuft. **Dadurch ist es in der Praxis oft schwer an einzelnen Fragen zu erkennen, auf welchem Schwierigkeitsgrad man aktuell ist.** Über mehrere Fragen hinweg ist dies jedoch mit etwas Übung durchaus möglich (ganz sicher ist man dabei jedoch nie).

Dieses System bietet jedoch auch die Chance mit einer entsprechenden Strategie seine Punktzahl zu steigern. Hierzu wollen wir noch etwas tiefer in das Scoring-system des GMAT eintauchen.

2.6 Das GMAT Punkte-System

Im GMAT kann man **maximal 800 Punkte erreichen**. Doch das ist nur die halbe Wahrheit, neben dieser sogenannten „Total Score" gibt es noch zwei zusätzliche Werte die auf dem Score Report erscheinen: Die Punktzahl für das Essay (*AWA-Score*) und die Punktzahl für den Teil *Integrated Reasoning*. Außerdem erscheinen auf dem Score-Report noch getrennte **Punktzahlen für die Quant- und Verbal-Sektion, sowie jeweils die sogenannten Perzentile**. Was es damit auf sich hat wollen wir nun kurz besprechen. Hier zunächst nochmal die Übersicht der im GMAT Score-Report ausgegebenen Punktzahlen:

Maximal kann man im GMAT 800 Punkte erreichen, doch das ist noch nicht alles

- Total-Score (0-800 Punkte): Beinhaltet Quant- und Verbal-Sektion
- AWA-Score (0-6 Punkte): Bewertet das Essay
- IR-Score (0-8 Punkte): Bewertet den Teil Integrated Reasoning.

Die Total-Score wird dabei nochmal aufgeteilt dargestellt:

- Quantitative-Score (0-60 Punkte)
- Verbal Score (0-60 Punkte).

Auch wenn die **Total-Score** so klingt, ist sie also keine Aggregation der Gesamtleistung im GMAT, sondern fasst nur den Quant- und Verbal-Teil zusammen. Das **Essay** und *Integrated Reasoning* fließen nicht in den Total-Score ein. Braucht man das *Essay* und *Integrated Reasoning* dann überhaupt, wenn das nicht zu den 800 Punkten zählt? Dies ist eine der beliebtesten Fragen in vielen GMAT-Kursen. Auch hier ist die Antwort: Es hängt davon ab, wo Sie sich bewerben wollen. **Viele Deutsche Universitäten betrachten beispielsweise nur den Total Score**. In diesem Fall könnten Sie in der Tat das Essay überspringen und den Integrated Reasoning teil durchklicken.

Neben der Total Score gibt es noch zwei weitere Punktzahlen im GMAT

Die meisten (aber nicht alle) Universitäten achten nur auf die *Total Score*

Wenn man sich in USA bewerben will, sollten Sie das jedoch auf keinen Fall machen, denn dort wird mitunter sehr genau auf das Thema Essay geschaut. Theoretisch kann jede Uni bei der Sie sich bewerben auch zusätzlich zur Essay-Punktzahl ihr Essay anfordern und selbst lesen. **Wie genau das Auswahlverfahren läuft ist von Universität zu Universität unterschiedlich.** Es lohnt sich daher in jedem Fall vorab mit der Universität Kontakt aufzunehmen um herauszufinden, welcher Stellenwert auf einzelne Aspekte des GMAT gelegt werden.

2.7 Der GMAT Punkte- Algorithmus

Das Punktesystem im GMAT ist grundliegend anders als das Punktesystem welches Sie wahrscheinlich aus Schule und Studium kennen. Grundsätzlich gilt: Nur wer schwere Fragen gestellt bekommt und diese richtig beantwortet, bekommt viele Punkte in der jeweiligen Rubrik und nur wer dauerhaft schwere Fragen richtig beantwortet wird eine Top-Score erzielen (wie die Punktzahl genau zu interpretieren ist, kommt dann im nächsten Kapitel).

Zunächst wollen wir uns nun etwas detailliert der Punktevergabe widmen. Hierzu gibt es unten einen simulierten Lauf durch die GMAT Quantitative Sektion (31 Mathe-Fragen). D**ie exakten Details des Algorithmus sind natürlich geheim**, die Simulation zeigt jedoch ausreichend gut die grundsätzliche Funktionsweise.

Die Punktevergabe im GMAT unterscheidet sich deutlich von einer normalen Prüfung

Das Ziel des GMAT-Algorithmus es ist es Sie nach wenigen Fragen schon relativ genau einzustufen. Stellen Sie sich hierzu vor, eine Teilnehmerin sieht die erste Frage in der Quant-Sektion vor sich. B**evor sie die erste Frage beantwortet hat, weiß der Computer nichts über das Leistungsniveau der Teilnehmerin**. Das bedeutet sie könnte am Ende 800 Punkte erreichen aber sie könnte auch 200 Punkte bekommen (was aus technischen Gründen die geringste mögliche Punktzahl ist). Beides ist in einem Multiple-Choice Test sehr schwer zu erreichen, denn dazu muss ein Kandidat alle Fragen richtig bzw. falsch beantworten.

Noch ist also alles möglich. Hat die Teilnehmerin jedoch die erste Frage beantwortet Ist nicht mehr alles möglich. Warum nicht? Wenn sie die erste Frage richtig beantwortet hat, kann sie nicht mehr 0 Punkte kriegen. Sie kann jedoch noch 800 Punkte erreichen, wenn Sie alle weiteren richtig hat. Hat Sie die erste Frage falsch beantwortet, kann sie nicht mehr 800 Punkte kriegen, aber sehr wohl noch 0 Punkte. **Das bedeutet, mit jeder Frage die im Test beantwortet wird, wird der „Tunnel der möglichen Punktzahl" etwas kleiner** (in der Grafik schematisch als gestrichelte Linie eingezeichnet). Hierbei ist wichtig zu wissen, dass dieser Tunnel nicht gleichmäßig kleiner wird, sondern dass er sich am Anfang sehr viel schneller schließt und am Ende deutlich langsamer. Dies kann man auch an der, durch den Computer geschätzten Punktzahl, erkennen (dicke schwarze Line in der Mitte).

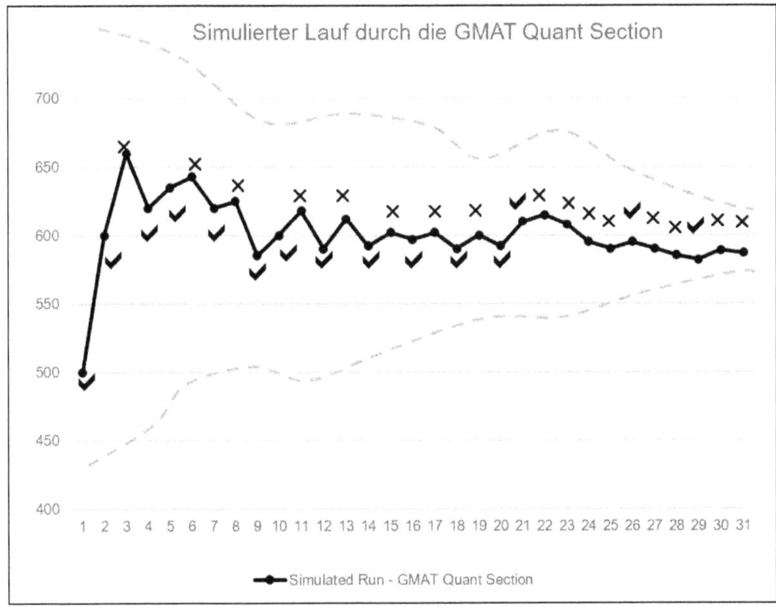

Ein simulierter Lauf eines Testteilnehmers durch die Quant Sektion. Quelle: edres.org/scripts/cat/

Die Punktevergabe:

Hier sieht man schematisch was im GMAT „Hinter den Kulissen“ passiert

Die Teilnehmerin fängt bei ungefähr 500 Punkten an, was der Durchschnittspunktzahl des Testes entspricht. Nach der ersten Frage steigt die Schätzung des Algorithmus von 500 auf 600 Punkte an. Zu diesem Zeitpunkt weiß der Computer nur, dass die Person eine mittlere Frage bekommen hat und diese richtig beantwortet hat. Die zweite Frage hat die Person auch richtig, wodurch sich ihr geschätzter Punktewert auf über 650 erhöht. Zu diesem Zeitpunkt hat der Computer nur folgende Information: Die Teilnehmerin hat zwei Fragen hintereinander richtig beantwortet, die zunächst mittel, dann etwas schwerer waren. Die nächste, nochmal deutlich schwerere Frage 3 hat die Teilnehmerin dann jedoch falsch, wodurch die geschätzte Punktzahl auf rund 620 abfällt.

Wie man in der Grafik deutlich sehen kann wird die Amplitude, also die Länge der Punktzahl-Sprünge zwischen den Fragen, immer kleiner. Der Test-Algorithmus versucht also recht schnell eine grobe Einschätzung der Leistung der Teilnehmerin vorzunehmen und diese dann immer genauer auszumessen.

Man geht davon aus, dass der GMAT Algorithmus bereits nach 5-8 Fragen die finale Punktzahl eines Teilnehmers mit einer hohen Wahrscheinlichkeit auf einen Punktebereich von 30-40 Punkte eingrenzen kann.

Welche Strategie kann nun hieraus abgeleitet werden?

Die Punktevergabe im GMAT unterscheidet sich deutlich von einer normalen Prüfung

Jede Frage hat Einfluss auf Ihr Ergebnis und auch mit jeder Frage können Sie Ihr Ergebnis verbessern oder verschlechtern. **Jedoch nimmt der Einfluss der einzelnen Fragen im Laufe einer Sektion ab** (Hierbei wird jedoch jede Sektion, also Verbal und Quant getrennt betrachtet). Dies betrifft zum einen die geschätzte Punktzahl, zum anderen auch das Schwierigkeits-Level der angezeigten Fragen (da dies direkt zusammenhängt). Es ist daher deutlich leichter eine Top-Punktzahl zu erreichen, wenn ich es schaffe, am Anfang in eine hohe Schwierigkeits-Kategorie der Fragen zu kommen. Das heißt, wenn ich merke, dass die dritte oder vierte Frage schon richtig schwierig ist, dann weiß ich, dass ich auf einem sehr guten Weg bin. In diesem Fall geht es dann „nur" noch darum, das Level zu halten. Grundsätzlich ist dies jedoch viel einfacher, als sich zu einem späteren Zeitpunkt auf dasselbe Level zu steigern.

Es kann sinnvoll sein bei den ersten Fragen mehr Zeit ein zu planen

Wie man in dieser Simulation sieht, hat die Kandidatin bei den Fragen10-20 nur noch rund die Hälfte der Antworten richtig gegeben und es dennoch geschafft ihr Punktelevel (fast) zu halten. Es ist daher nicht unbedingt notwendig alle Fragen richtig zu beantworten, s**ondern ein möglichst hohes Schwierigkeitsniveau zu erreichen und dieses möglichst lange zu halten**. Dies ist nun natürlich sehr theoretisch, da Sie in der Praxis im Test diese Information nicht haben (Sie sehen nur bei welcher Frage Sie sind, nicht aber bei welcher Punktzahl oder Schwierigkeitsgrad). Dennoch können Sie dieses Wissen nutzen, **indem Sie für die ersten ca. 5 Fragen mehr Zeit einplanen**. Hierbei sollten Sie jedoch nicht pauschal 4 Minuten anstatt 2 Minuten für die ersten Fragen aufwenden. Vielmehr empfiehlt es sich bei den ersten Fragen dann mehr Zeit zu aufzuwenden, wenn dies zu einer höheren Antwortsicherheit führt. Wenn Sie beispielsweise die erste Frage nach 30 Sekunden sicher beantworten können, macht es wenig Sinn noch 3,5 Minuten zu warten. Wenn Sie jedoch bei einer der ersten Fragen das Gefühl haben, noch etwas mehr Zeit zu brauchen, dann sollten Sie sich diese nehmen.

2.8 Nicht beantwortete Fragen

Im GMAT gibt es herbe Strafen für nicht beantwortete Fragen.

Zeitknappheit ist eine der großen Herausforderungen im GMAT. Doch was passiert eigentlich wenn die Zeit abläuft und noch Fragen unbeantwortet sind? Was passiert zum

Beispiel, wenn 5 Fragen am Ende der Quant-Sektion übrigbleiben? Hierbei ist es wichtig zu wissen, dass es im GMAT **eine erhebliche Strafe für unbeantwortete Fragen gibt**. Aufgrund des komplexen Punktesystems kann man nicht exakt ableiten, wie viele Punkte man durch eine nicht beantwortete Frage einbüßt. Die folgende Grafik zeigt ein Beispiel, wie viele Punkte im Mittel pro nicht beantworteter Frage verloren werden.

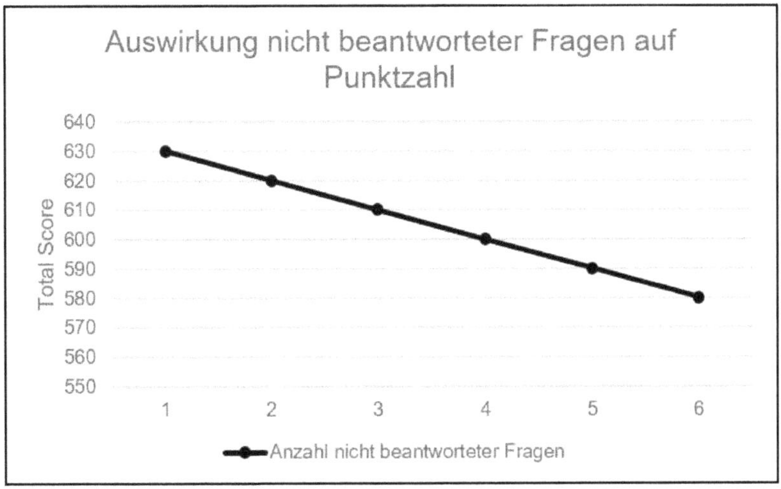

Auswirkung nicht beantworteter Fragen auf Punktzahl. Quelle: GMAC, 2007

Im hier gezeigten, simulierten Beispiel ist zu sehen, dass eine Person bei fünf nicht beantworteten Fragen in einer (der beiden Sektionen) rund 50 Punkte in der Total-Score verliert. Das ist ein erheblicher Verlust an Punkten.

Im GMAT ist es immer besser eine (ggf. falsche) Antwort zu geben als gar keine Antwort zu geben

Die gute Nachricht ist, es kann eigentlich überhaupt nicht vorkommen, dass Fragen nicht beantwortet werden. Warum kann es nicht vorkommen? Nun, der GMAT ist ein Multiple-Choice-Test und die fünf Antwortmöglichkeiten sind daher immer angegeben. Ich kann also in jedem Fall eine mögliche Lösung anklicken und habe eine Chance von 1/5, dass ich richtigliege. Das heißt, wenn beispielsweise noch zehn Fragen offen sind und ich habe nur noch eine Minute in der Sektion übrig, kann ich einfach zehnmal eine zufällige Antwort anklicken. Es gibt vielfältige Diskussionen im Internet, was hier die beste Strategie ist. Ob man besser die unteren oder oberen Antworten auswählt oder bestimmte Muster machen sollte. Hierzu gibt es keine gesicherten Erkenntnisse, die wichtigste Regel ist aber am Ende niemals Fragen unbeantwortet lassen.

Was passiert, wenn ich die letzten 5-10 Fragen raten muss?

Die Antworten zu raten, kann durchaus eine Strategie sein, jedoch ist es immer besser zunächst ein Ausschlussverfahren anzuwenden

Wie wir im vorausgegangenen Kapitel gelernt haben nimmt zum Ende einer Sektion tendenziell der Einfluss falscher Antworten auf das Ergebnis ab. Wenn Sie nochmal den simulierten Lauf durch die Quant-Sektion im Kapitel zuvor ansehen, werden Sie feststellen, dass die Kandidatin vermutlich bei den letzten ca. 10 Fragen viel geraten hat. Das sieht man daran, dass Sie rund jede fünfte Frage richtig hat. Sie hat dadurch rund 50 Punkte verloren, was in Anbetracht dessen, dass die Kandidatin rund ein Drittel der Fragen nur geraten hat, nicht allzu viel ist. Besser ist es natürlich, wenn Sie bei den letzten Fragen nicht „Blind" raten, sondern z.B. durch Ausschlussverfahren die Chancen eine richtige Antwort zu geben erhöhen. Wie das funktioniert werden wir im Folgenden noch besprechen.

2.9 Der Score-Report

Sie können das Testergebnis direkt nach dem Test löschen lassen und niemand erfährt, dass Sie den Test abgelegt haben

Nach dem Test bekommen Sie direkt am Bildschirm Ihre Total Score (0-800 Punkte) angezeigt und haben d**ann die Wahl den Testversuch löschen zu lassen oder zu akzeptieren**. Im Anschluss können Sie bis zu 5 Universitäten auswählen, die, zusammen mit Ihnen, den Official Score Report zugeschickt bekommen. Dies ist Optional, aber zu empfehlen, da es im Nachhinein kostenpflichtig ist Score Reports an Universitäten zu versenden. **Der Versand des Official Score Reports kann bis zu 20 Tage dauern** (Üblich sind 5-7). Diesen Zeitrahmen sollten Sie in Ihrer Planung des Test-Termins bereits berücksichtigen, da die meisten Universitäten zur Bewerbungs-Deadline den Official Score Report vorliegen haben möchten. **Sie können den Test alle 16 Tage wiederholen**. Die letzten 3 Ergebnisse werden auf dem Score-Report mit angegeben.

Enhanced Score Report

Sie können zusätzlich zu dem per Post versandten *Official Score Report* einen erweiterten Score Report erwerben, den sog. *Enhanced Score Report*. Dieser ist ausschließlich online abrufbar und bietet Ihnen einen genaueren Einblick in Ihre Testleistung. Neben den richtig beantworteten Fragen pro Fragetyp, werden Ihnen auch der Verlauf im Test, die durchschnittliche Beantwortungszeit **und der durchschnittliche Schwierigkeitsgrad der beantworteten Fragen angezeigt**. Für alle, die Ihre Performance am Testtag besser verstehen möchten, um sich für einen zweiten Versuch vorzubereiten, macht dieser zusätzliche Report auf jeden Fall Sinn.

Der weltweite Durchschnitt der GMAT Total-Score steigt jedes Jahr und liegt für die Jahre 2017-2020 bei 564 Punkten. Pro Land aus dem die Testteilnehmer kommen variiert die durchschnittliche Punktzahl erheblich. Deutschland liegt mit durchschnittlich 584 Punkten übrigens deutlich über dem internationalen Mittel. Neben der durchschnittlich erreichten GMAT Score ist für Bewerber natürlich vor allem interessant mit welcher Punktzahl sie zu ihrer Wunsch-Universität zugelassen werden. Auch hierfür hilft ein Blick in die durchschnittlichen GMAT-Punktzahlen der zugelassenen Studierenden je Studiengang.

3 Die Vorbereitung

Nun wissen Sie wie der GMAT aufgebaut ist und welche Besonderheiten es zu beachten gibt. Nun wollen wir uns dem eigentlichen Thema dieses Buchs widmen, der Vorbereitung auf den Test.

3.1 Zeitaufwand

Die notwendige Vorbereitungszeit hängt von mehreren Faktoren ab

Wie viel Zeit sollte ich für die GMAT Vorbereitung einplanen? Das ist eine der am häufigsten gestellten Fragen meiner Kursteilnehmer. Leider gibt es darauf keine einfache Antwort. Die notwendige Vorbereitungszeit wird von zwei Faktoren wesentlich beeinflusst: **Dem angestrebten Punkteziel** und der pro Tag bzw. pro Woche **zur Verfügung stehenden Trainings-Kapazität**. Will eine Kandidatin beispielsweise 700 Punkte knacken und muss in der Vorbereitungszeit in Vollzeit arbeiten, so muss sie deutlich mehr Zeit einplanen als ein Student der nur 600 Punkte für einen konsekutiven Master benötigt. Für eine realistische Einschätzung der benötigten Vorbereitungszeit **sollte man regelmäßig Probetests machen** und kann dann aus der Differenz zwischen der erreichten und angestrebten Punktzahl ableiten wie lange man noch für die Vorbereitung einplanen muss (Hierzu im nächsten Kapitel mehr). Hierbei ist jedoch zu beachten, dass die **Verbesserung pro Zeiteinheit im Laufe der Vorbereitungsphase stark abnimmt**. Das bedeutet: Während man sich am Anfang sehr schnell von beispielsweis 500 Punkte auf 550 Punkte hocharbeitet, kann der Weg von 600 auf 650 Punkte leicht doppelt so lange dauern.

Grundsätzlich ist bedeutet Vorbereitungszeit (fast) immer auch mehr Punkte

Grundsätzlich empfehlen wir Kandidaten **mindestens 4-6 Wochen Vollzeitvorbereitung für den Test einzuplanen** und je nach Zielsetzung und zur Verfügung stehender Trainingskapazität diese Zeitspanne nach Bedarf zu verlängern. Da man sich auf den GMAT sehr gut vorbereiten kann bedeutet **mehr Vorbereitungszeit (fast) immer auch mehr Punkte**. In vielen asiatischen Ländern ist es übrigens durchaus üblich, dass sich Kandidaten 6-12 Monate in Vollzeit auf einen Testversuch vorbereiten. Dies erklärt wohl auch warum viele asiatische Länder das GMAT-Länderranking anführen. Aber keine Sorge: Es haben auch schon Kandidaten mit wenigen Tagen Vorbereitung eine beachtliche Punktzahl erreicht. Daher sollten Sie sich zunächst einige Zeit mit dem Test auseinandersetzen und dann unter möglichst realistischen Bedingungen **ihr aktuelles Leistungsniveau testen** um herauszufinden wie viel Zeit ihre Persönliche Reise zur GMAT Traumpunktzahl in Anspruch nehmen wird.

3.2 Vorbereitungs-Materialien

Der Official Guide

Den ersten Schritt in eine effiziente Vorbereitung haben Sie bereits getätigt in dem Sie dieses Buch lesen. Darüber hinaus sind nur wenige weitere Materialien für eine gute Vorbereitung notwendig. Als Übungsmaterial empfiehlt es sich den **Official-Guide** zu nutzen. Der Official Guide ist die Bibel der GMAT-Vorbereitung. Das offizielle Buch der GMAC (Graduate Management Admission Council, der Herausgeber des Tests) **enthält als einziges Buch weltweit originale GMAT-Fragen**. Natürlich nur solche, die im echten Test nicht mehr genutzt werden. Dennoch ist das Buch eine absolute Pflichtlektüre für eine erfolgreiche GMAT Vorbereitung. **Erfolgreiche „Gmatter" arbeiten das Buch (1000Fragen) mehrmals durch**. Jede neue Ausgabe hat ca. 20% neue Fragen im Vergleich zur Ausgabe des Vorjahres. Da sich die GMAT Fragen nur wenig geändert haben über die Jahre kann man auch mit einer älteren Version gut arbeiten. Immer inklusive sind der volle Online-Zugang zu allen abgedruckten Fragen.

Nur im Official Guide finden sich echte (jedoch alte) GMAT Fragen

Der **Official-Guide** ist das offizielle Buch der GMAC (Graduate Management Admission Council, der Herausgeber des Tests) und enthält als einziges Buch 1.000 Übungsaufgaben, die vor wenigen Jahren noch im GMAT waren.

Hier die Edition 2022, die im Buchhandel verfügbar ist. Ältere Auflagen sind jedoch genauso hilfreich.

Übungs-Software

Wer sich für den GMAT anmelden will, kommt nicht um die **offizielle GMAT Homepage www.mba.com** herum. Aber auch zur Vorbereitung empfiehlt es sich auf mba.com vorbei zu schauen. Die offizielle Trainingssoftware *GMAT Exam Prep* (Registrierung notwendig) ist Pflicht für eine gute Vorbereitung. Hiermit können Sie auf ihrem PC einen **GMAT Probetest** durchführen. Dieser Test entspricht 1:1 dem GMAT im Testcenter. Außerdem gibt es hier über hundert beispielhafte Essay Themen die ausgemustert wurden. In der *GMAT Exam Prep* sind derzeit nur 2 volle Probetests enthalten. Diese können Sie jedoch auch mehrmals machen. Da auch der Probetest Computer-Adaptiv ist erhalten Sie erfahrungsgemäß 30-50 Prozent neue Fragen bei einem weiteren Durchlauf. Wenn ein bisschen Zeit zwischen zwei Versuchen liegt,

In der GMAT Exam Prep Software können Sie Probetests zu Hause durchführen

kann man einen Probetest daher durchaus auch zwei-, dreimal absolvieren. **Weitere Probetest gibt es von Anbietern wie Kaplan oder Princeton Review**. Hierbei ist jedoch zu beachten, dass diese Probetests nicht den echten (geheimen) Algorithmus des GMAT verwenden und das Ergebnis daher immer leicht abweichen kann von der aktuellen tatsächlichen GMAT Leistung.

Internet-Foren

Die derzeit größten Internet-Foren sind www.gmatclub.com und www.beatthegmat.com. Ein Besuch dort ist sehr lohnenswert. Dort gibt es hunderttausende Forenbeiträge zu den besten Strategien und Tipps für die Vorbereitung. Damit Sie dort nicht zu viel Zeit verbringen müssen finden Sie in den folgenden Kapiteln alle Strategien übersichtlich zusammengestellt. Noch ein Tipp: Wenn Sie bei einer Frage im Official Guide nicht weiterkommen geben Sie einen Teil des Fragetextes in die Suchfunktion einer der beiden Seiten ein und Sie werden viele Threads finden, die die jeweilige Frage behandeln und unterschiedliche Lösungsstrategien vorschlagen.

3.3 Die wichtigsten Vorbereitungstipps zusammengefasst

Erfolgreiche GMAT Teilnehmer arbeiten mindestens einmal den Official Guide durch

Weil es einen als GMAT Neuling oft erschlägt in GMAT Foren über die Erfahrungen von hunderten, oder oft tausenden GMAT Testteilnehmern zu lesen, sind im Folgenden **die wichtigsten Tipps einer erfolgreichen GMAT Vorbereitung zusammengetragen**. Werfen wir also einen Blick darauf wie die Besten sich auf den Test vorbereiten. Hierzu wurden die Selbstberichte von Test-Teilnehmern, die jeweils weit über 700 Punkte erzielt haben, verglichen und ausgewertet.

Hier sind die wichtigsten Übereinstimmungen bei den Vorbereitungsstrategien. Die Kandidaten haben:

- mindestens **einmal den Official Guide durchgearbeitet**.
- einen **Error-Log** genutzt und falsche Fragen intensiv wiederholt (mehr dazu im nächsten Kapitel).
- im Durchschnitt **5-8 Probetests** in regelmäßigen Abständen absolviert
- die **persönlichen Schwächen analysiert** und intensiv (mit erhöhtem Fokus und Zeitaufwand) daran gearbeitet
- sich durchschnittlich **1,5 Monate in Vollzeit vorbereitet** (einige über 6 Monate).

Zusätzlich zur Vorbereitung ist es auch interessant zu betrachten, was diese Kandidaten im Test gemacht haben, bzw. wie sie den GMAT am Testtag durchgearbeitet haben. Alle Kandidaten haben:

- mehr Fokus und mehr Zeit aufgewendet für die ersten 3-8 Fragen
- Intensiv Process-of-Elimination (PoE) also Ausschluss-Verfahren angewandt (dazu später mehr).

Wenn Sie selbst tiefer in die Lernerfahrungen und Testerfahrungen verschiedener Kandidaten aus der ganzen Welt eintauschen wollen, so empfiehlt sich ein **Besuch auf einem der GMAT Foren**, wie gmatclub.com. Dies kann auch eine willkommene Pausenunterhaltung in der oft anstrengenden Vorbereitungszeit sein, die sicherlich auch motivierende und inspirierende Wirkung zeigen wird.

3.4 Error-Log

Der Error-Log erhöht die Effizienz der Vorbereitung

Es ist nicht nur entscheidend wieviel Sie üben, sondern vor allem **wie effizient Sie die Vorbereitung gestalten**. Ein wichtiger Schritt zu einer effizienteren Vorbereitung ist der sogenannte Error-Log. Dies ist ein Tool, mit dem falsche Antworten und Wissenslücken dokumentiert werden. Das übergeordnete Ziel ist dabei **sich reflektierter mit den eigenen Schwächen auseinanderzusetzen** und gezielt an diesen zu arbeiten. Zudem spart dieses Vorgehen viel Zeit in der Vorbereitung. Wenn Sie immer wieder Übungsfragen durcharbeiten, die Sie bereits können, dann ist das vielleicht gut für das Selbstvertrauen, bringt Sie aber inhaltlich nicht weiter. Deutlich effizienter ist es daher die wertvolle Vorbereitungszeit auf die eigenen Schwachstellen zu fokussieren. Doch wie geht das nun ganz praktisch?

Der Error-Log dokumentiert Ihre persönlichen Schwachstellen

Wenn Sie beispielsweise die rund 1.000 Übungsfragen im Official Guide durcharbeiten, sollten Sie sich immer genügend Zeit nach der Beantwortung jeder Aufgabe nehmen um die Lösung durchzulesen. Dabei sollten Sie alle Fragen dokumentieren, bei denen Sie:

- Die **falsche Antwort** angekreuzt haben
- Die richtige Antwort angekreuzt haben aber den **Lösungsweg nicht ganz verstanden** haben (also bei denen Sie etwas Glück hatten)
- Die richtige Antwort angekreuzt haben, aber **deutlich über 2 Minuten** dafür gebraucht haben.

Doch wie dokumentiert man diese Fragen am besten? Grundsätzlich gibt es hier verschiedene Möglichkeiten, die wir an dieser Stelle kurz besprechen wollen. Wofür Sie sich auch immer entscheiden, Sie sollten ein externes Medium wählen und die Fehler nicht direkt im Buch markieren, da dies sehr unübersichtlich ist. Die gängigen Möglichkeiten für einen Error-Log sind:

- Ein einfacher Papierblock
- Karteikarten
- Excel oder Word Datei
- Eine Smartphone-App.

Unterschiedliche Arten von Error-Logs haben spezifische Vor- und Nachteile

Digitale Tools haben hierbei den klaren Vorteil, dass Sie **leicht sortierbar und filterbar** sind und so die Suche erleichtern, während physische Tools den Vorteil haben, dass Sie viel **freier auch z.B. Formeln eintragen können**. Falls Sie sich für ein digitales Tool, wie Word oder Excel entscheiden, können Sie für die Fragen aus dem Official-Guide auch Templates herunterladen, bei denen z.B. die Fragetypen bereits eingetragen sind. Diese finden Sie, wenn Sie „GMAT Error Log Template" in eine Suchmaschine eingeben.

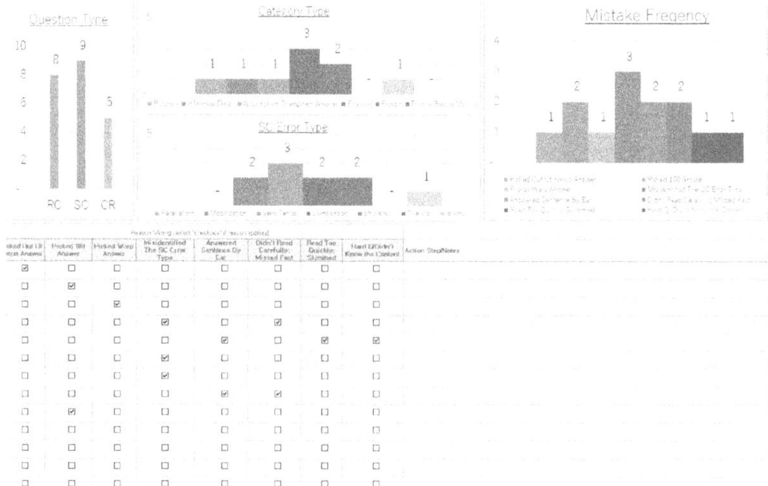

Kostenlose Vorlagen für einen Error-Log finden Sie z.B. auf www.beatthegmat.com/mba/gmat-error-log/

Der Error-Log ist ein geschützter Raum

Denken Sie daran, dass **der Error-Log ein Tool nur für Sie ist**. Es geht daher nicht um eine besonders schöne Gestaltung, außer Ihnen ist dies persönlich wichtig. Vielmehr soll der Error-Log **ein geschützter Raum sein** in dem Sie sich intensiv mit Ihren eigenen Schwächen auseinandersetzen. Sie können hier fehlendes Wissen zusammenschreiben und all die Dinge notieren die Ihnen später im echten GMAT helfen den richtigen Lösungsweg zu finden.

Wie ein selbsterstellter einfacher Error-Log dann aussehen kann zeigt das folgende einfache Beispiel.

Ein einfaches Beispiel für einen Error-Log in Excel oder einem anderen Tool

Question #	Type	Reason	Note	Is it knowledge Based?
P80	Probability	Forget Principal	1-chance of NOT occurring = occurring!	Yes
P152	Algebra	Forget Principal	always look for factoring!	Yes
D1	Percents	Word Trick	Easy , but tricky	No
P90	Algebra	Lack of knowledge	estimate	No
D78	Algebra	Forget Principal	greater than -1 is 1, not negative 2!	Yes
P74	Algebra	Forget Principal	I always forget this trick!	Yes
P148	Statistics	Forget Principal	Need to visualize numbers laid out.	No
D4	Geometry	Careless	no need to solve!	no
D87	Geometry	Forget Principal	read "represent two positions of same ladder!"	No
P147	Algebra	Careless	Remember if "integers" is not stated anything goes!	Yes
P149	Algebra	Careless	Remember to use TABLEs to lay out info	No
D85	Algebra	Careless	rewrite equations to see answers	no
P130	Ratios	Forget Principal	solve for time!	yes

Einfaches Error-Log Beispiel

In diesem einfachen Beispiel definiert die erste Spalte die GMAT-Frage, also z.B. „Problem Solving Frage 80" mit der Kategorie Wahrscheinlichkeiten in der ersten Zeile. **Die weitere drei Spalten beschreiben die Reflektion zur Frage**. Zunächst der Grund dafür, dass die Frage falsch beantwortet wurde („Reason"), dann ein Kommentarfeld dazu („Note"). Abschließend wird noch darüber entschieden **ob zur Beantwortung der Frage Wissen gefehlt hat** („Is it knowledge based?"). Ist dies der Fall, so sollte man sich das fehlende Wissen möglichst kompakt, z.B. auf weiteren Tabellenblättern zusammenschreiben.

Der Error-Log ist der ständige Begleiter in der Vorbereitungszeit

Der Error-Log wird s**omit zum Begleiter der GMAT Vorbereitung und sollte kontinuierlich gepflegt werden**. Fragen, die Sie verstanden haben können Sie dabei immer wieder löschen bzw. markieren, so dass der Error-Log immer kürzer wird und Sie am Ende **nur noch einen kleinen Pool an ungelösten Fragen haben**, wenn Sie zum Test antreten. Die GMAT Fragen entwickeln sich inhaltlich nur wenig weiter, so dass Sie, wenn Sie mit den Fragen aus dem Official Guide umgehen können, sicher sein können, dass auch der echte Test gut laufen wird.

Abschließender Tipp: **Versuchen Sie nicht zu viele GMAT-Übungsaufgaben am Stück zu lösen**. Nehmen Sie sich kleine Pakete von 3-5 Aufgaben vor und planen Sie ausreichend Zeit ein alle Lösungswege durchzulesen und den eigenen Weg zu reflektieren (auch bei richtig beantworteten Fragen).

3.5 Zeitmanagement üben

Mit der knappen Zeit umzugehen ist ein wesentlicher Erfolgsfaktor im GMAT

Mit der knappe Zeit umzugehen ist ein wesentlicher Erfolgsfaktor im GMAT. Grundsätzlich bekommen Sie immer die noch verbleibende Zeit in der Sektion angezeigt (z.B. 42 Min) sowie die Frage bei der Sie aktuell sind (z.B. Question 19 /31). Wie Sie an diesem Beispiel sehen ist es oft schwer daraus direkt abzuschätzen ob Sie gut oder schlecht in der Zeit sind. Daher ist es Hilfreich sich persönliche Meilensteine zu legen.

Hier zwei Beispiele für die Quant-Sektion:

Meilenstein 1: 47 Minuten verbleiben - 7 Fragen gelöst
Meilenstein 2: 31 Minuten verbleiben - 15 Fragen gelöst

Dies berücksichtigt schon **etwas mehr Zeit für die ersten Fragen**. Jedoch ist dies bei der Verbal-Sektion nicht ganz so leicht möglich, da die drei Fragetypen sehr unterschiedlich zeitaufwendig sind. Hier ist die generelle Empfehlung **Sentence Correction idealerweise unter einer Minute zu beantworten, 1:30 Minuten für Critical Reasoning Fragen** zu verwenden, so dass Sie für **die Reading Comprehension ca. 10 min. pro Passage** (mit durchschnittlich je 4 Fragen) haben.

Wer den GMAT „Takt" von 2 Minuten zu verinnerlicht braucht nicht auf die Uhr zu schauen

Eine gute Basis-Strategie für Zeitmanagement ist es, ein Gefühl für den **„Rhythmus" des GMAT** zu bekommen. Im besten Fall bedeutet das, den **2-Minutentakt** so zu verinnerlichen, so man keine Uhr mehr benötigt. Hierzu sollten Sie auch bei der Vorbereitung bereits immer eine Uhr mitlaufen lassen. Sicherlich kann man im „Übungsmodus" die 2 Minuten auch mal überziehen, jedoch hilft die Uhr den Rhythmus zu verinnerlichen. Darauf aufbauend ist die **erweiterte Strategie das Zeitmanagement adaptive auf die jeweilige Situation, also Fragetyp und**

Schwierigkeitsgrad einzustellen. Das bedeutet grundsätzlich, dass ich mir für die Fragen mehr als 2 Minuten Zeit nehme, bei denen ich mit mehr Zeit eine höhere Trefferquote erreichen kann. Zusätzlich kann ich mir mehr Zeit für die ersten Fragen nehmen. Andere Fragen sollte ich dabei schneller beantworten und versuche so die durchschnittliche Antwortzeit bei rund 2 Minuten zu halten. Für die **letzten Fragen bleibt dadurch dennoch meist etwas weniger Zeit**. Durch Techniken wie **Ausschlussverfahren** kann man jedoch zum Teil auch in deutlich unter einer Minute pro Frage schon mit sehr hoher Wahrscheinlichkeit zwei bis drei Antworten ausschließen. Hierdurch kann die T**refferquote von 20 Prozent** (1 von 5 Antworten) **auf 50 Prozent** (1 von 2 Antworten) **gesteigert werden** und das ist schon ausreichend um meinen Score auf einem konstanten **Level zu halten**. Das heißt, wenn ich bis dahin gut gearbeitet habe, kann ich meine Punktelevel auch in dieser letzten Phase halten. Wie das genau geht werden wir uns in den späteren Kapiteln ansehen.

3.6 Nutzung des Skizzenpapiers bzw. Whiteboards

Wenn Sie den GMAT im physischen Testcenter schreiben bekommen Sie **fünf Seiten laminiertes Papier** im amerikanischen „Letter-Format". Das Papier ist kariert, jedoch sind auch hier die Karos etwas größer, da Sie im Inch-Format sind.

Im Testcenter erhalten Sie 5 Seiten Skizzenpapier, dieses wird nicht bewertet

Wenn Sie den GMAT Online ablegen haben Sie die Möglichkeit ein Online-Whiteboard zu nutzen (Testen können Sie dieses hier: https://www.mba.com/exams/gmat-online/prepare-for-your-exam/online-whiteboard).

Alternativ dürfen Sie ein physisches Whiteboard in einem genau definierten Maß verwenden (30cm x .40cm). In den meisten Fällen wird sich die Investition in ein physisches Whiteboard lohnen, da es deutliche Vorteile bietet: Es ist immer gleichzeitig sichtbar, Sie müssen nicht mit der Maus zeichnen und können schneller und einfacher Notizen machen.

Wie sollte man das Skizzenpapier nutzen?

Um am Testtag sicher mit dem Schmierpapier umzugehen, ist es grundsätzlich wichtig dessen E**insatz in der Vorbereitungsphase schon zu üben**. Hierzu kann man laminiertes Papier selbst herstellen bzw. ein 30 x 40 cm Whiteboard zu Hause nutzen. Doch wozu nutzt man denn nun das Schmierpapier? Eine wichtige Funktion ist es **Antworten, die man ausschließt, wegzustreichen**. Das gibt zum einen ein gutes Gefühl, zum anderen hilft es tatsächlich zu verhindern Antwortmöglichkeiten, die man eigentlich schon ausgeschlossen hatte, am Ende doch anzukreuzen.

Auf dem Skizzenpapier können Sie Antworten die Sie ausschließen einfach wegstreichen

A B C D E	A B C D E
A B C D E	A B C D E

Das GMAT Skizzenpapier / Schmierpapier im Einsatz

Sie können das Skizzenpapier schon vorbereiten bevor die eigentliche Zeit läuft

Eine weitere wichtige Funktion des Skizzenpapiers ist es natürlich auch bei Fragen aus dem Quant-Teil die **Nebenrechnungen sowie Zwischenrechnungen** aufzuschreiben. Darüber hinaus lässt sich das Schmierpapier aber bei allen Aufgabentypen dafür nutzen die **wesentlichen Aspekte einer Frage zu dokumentieren**. GMAT Fragen im Quant- wie auch Verbal-Teil beinhalten meist viele zusätzliche Informationen, die gar nicht zur Beantwortung der Frage benötigt werden (und das ist bewusst so, denn die Fähigkeit zwischen relevanten und nichtrelevanten Informationen zu unterscheiden soll ja auch geprüft werden). **Daher sollten Sie das Schmierpapier dazu nutzen die Aufgaben zu „entschlacken"**. Bei einer quantitativen Aufgabe könnten das die relevanten Zahlen sein, bei einer Reading Comprehension Aufgabe vielleicht auch eine **kleine Mindmap zu den Textinhalten** (hierzu später mehr). Bei Geometrie-Aufgaben sollten Sie das Schmierpapier in jedem Fall dazu nutzen eine eigene Zeichnung zu erstellen. Sowohl das „echte" Schmierpapier im Testcenter als auch das physische Whiteboard im Online-Test kann **bereits vorbeschriftet werden in der Zeit in der Sie die Anleitung sehen** und damit die Sektionszeit noch nicht läuft. Sie könnten sich also in dieser Zeit z.B. schon Felder anlegen oder Beschriftungen für Antwortmöglichkeiten (z.B. A-E) notieren, um wertvolle Sekunden zu sparen.

4 Quantitative Sektion

Der GMAT verlangt **Grundtechniken der Algebra, Arithmetik und Geometrie**, die vielen seit ihrer Schulzeit nicht mehr untergekommen sind. Ein Grund mehr, sich ausreichend vorzubereiten. Die Quant-Sektion umfasst in Summe **31 Mathematik-Fragen**. Die gute Nachricht: Die im GMAT abgefragte Mathematik ist prinzipiell eher trivial und basiert fast ausschließlich auf Inhalten des **Mathematik-Unterrichts der Mittel- und Oberstufe**. Das Problem: Für die meisten Testteilnehmer liegt die Schulzeit lange zurück und viele grundlegende Mathe-Techniken und Regeln sind in Vergessenheit geraten. Daher ist es sinnvoll, sich einige Regeln wieder ins Gedächtnis zu rufen. Da der GMAT allerdings kein Mathe-Test ist, macht es wenig Sinn, alte Bücher und Hefte aus der Schulzeit hervorzukramen. Vielmehr sollte sich eine **effiziente GMAT-Vorbereitung auf die wenigen Mathematik- und Statistik-Regeln konzentrieren, die abgefragt werden und diese in allen Ausprägungen vertiefen.**

Sie brauchen kein Mathematik-Experte sein um im GMAT gut abzuschneiden

4.1 Die Fragetypen

Grundsätzlich werden alle Fragen im GMAT als **Multiple-Choice Fragen mit fünf Antwortmöglichkeiten** angeboten. Jedoch gibt es zwei verschiedene Fragetechniken, von denen jeweils gleichviele Fragen im Test, zufällig gemischt, erscheinen: **Problem-Solving**- und **Data-Sufficiency**-Fragen.

Es gibt zwei sehr unterschiedliche Arten von Mathematik-Aufgaben im GMAT

Problem Solving

Problem Solving Fragen sind Fragen, bei denen **nach der Lösung einer Aufgabe** gefragt wird. Dieser Fragetyp liegt Prüfungsteilnehmern meist am nächsten, da es die Art von Prüfungsfrage ist, die man noch **aus der Schulzeit kennt**. Dass fünf mögliche Antworten bereits vorgegeben sind, erleichtert die Arbeit deutlich, denn durch geschicktes Eliminieren von unplausiblen Antwortmöglichkeiten kann man die Antwort oft auch ermitteln, ohne die Aufgabe mit klassischer Mathematik zu lösen. Dazu später mehr.

Problem Solving fragt „Was kommt raus"?

Data Sufficiency

Bei diesem Fragetyp wird **nicht nach der Lösung** der mathematischen Aufgabe gefragt, sondern lediglich danach, ob man die Aufgabe **mit den gegebenen Variablen lösen kann**. Üblicherweise werden hierzu zwei unterschiedliche Informationen angeboten und der Testteilnehmer muss entscheiden ob **eine, keine oder beide Informatio-**

Data Sufficiency: fragt: „Was braucht man für die Lösung?"

nen zusammengenommen ausreichend sind die Frage zu beantworten. Auf diesen Fragetyp werden wir gesondert im späteren Kapitel noch eingehen.

Für das Lösen von beiden Fragetypen in unter 2 Minuten benötigen Sie ein Repertoire an Techniken und Strategien, welches wir nun ausführlich besprechen werden.

4.2 Ausschlussverfahren

Mit jeder Frage, die Sie ausschließen können steigt die Trefferquote

Der GMAT ist ein Multiple-Choice Test mit jeweils 5 fest vorgegebenen Antwortmöglichkeiten. Daraus resultiert **eine große Chance**, denn wer zügig **falsche oder unmögliche Antworten eliminiert**, kann die richtige Antworten eingrenzen ohne die eigentliche Aufgabe zu lösen. Meist können pro Frage **mindestens 1-2 Antwortmöglichkeiten sofort eliminiert** werden, da sie überhaupt nicht zur Frage passen. Weitere Lösungsvorschläge können durch erweiterte Techniken eliminiert werden. So enthalten z.B. GMAT-Fragen üblicherweise einen Lösungsvorschlag, der Zahlen aus der Frage selbst zusammenzählt und ein Lösungsvorschlag ist üblicherweise ein Zwischenergebnis der eigentlichen Rechnung.

Den Lösungsraum vorab zu definieren ist eine der Wichtigsten Techniken für *Problem Solving* Aufgaben

Doch warum enthalten GMAT-Aufgaben meist Antwortmöglichkeiten, die offensichtlich falsch sind? Der Grund dafür liegt in der **Systematik des Multiple-Choice Testverfahrens**. Wenn Sie sich bei einer Aufgabe verrechnen, dann können Sie ihr falsches Ergebnis ja nicht einfach eintragen, sondern nur dann ankreuzen, wenn diese Antwortoption auch angeboten wird. Ist das nicht der Fall dann wissen Sie sofort, dass Sie sich verrechnet haben. Doch genau diesen Fall wollen die Test-Herausgeber natürlich verhindern. Daher entsprechen die 4 falschen Antworten im GMAT **den häufigsten Rechenfehlern, sowie den Zwischenergebnissen der jeweiligen Aufgabe**. Genau das können Sie sich jedoch zu Nutze machen in dem Sie bevor Sie das rechnen beginnen erstmal innehalten und den sogenannten **Lösungsraum definieren**. Das ist der Bereich in dem die Lösung der Frage überhaupt nur liegen kann. Da die Antwortmöglichkeiten immer der Größe folgend aufsteigend sortiert sind, ist dies auch immer ein zusammenhängender Bereich.

Im folgenden Beispiel ist ein Teilbetrag von 5 Millionen gefragt, Antwortmöglichkeiten über 5 Millionen können daher **sofort ausgeschlossen werden**. In diesem Beispiel wird auch ein Zwischen-Ergebnis als Lösungsmöglichkeit mit angeboten (1.1).

Twenty-Two percent of the cars produced in Germany are manufactured in Stuttgart. If the total number of cars produced in Germany is 5 million, How many cars are produced outside of Stuttgart?

O 0.78 million
O 1.1 million
O 3.9 million
O 5.8 million
O 7.2 million

Eingrenzung des Lösungsbereichs

Problem-Solving Beispiel-Aufgabe mit Lösungsraum

Das Ausschlussverfahren erhöht die Treffersicherheit und vermindert Flüchtigkeitsfehler

Der sichere Umgang mit diesem Ausschlussverfahren ist entscheidend, denn wer grundsätzlich falsche Antworten eliminiert, kann selbst bei Unkenntnis der Antwort und Zeitdruck zumindest seine **Chancen auf die richtige Antwort erhöhen**. Fortgeschrittenen Testteilnehmern hilft diese Technik auch, Versehen und Flüchtigkeitsfehler zuverlässig auszuschließen.

4.3 Abschätzen statt rechnen

Im GMAT bringt es oft nichts Aufgaben bis zum Ende durch zu rechnen

Ein wesentlicher Unterschied des GMAT zu Klausuren in der Schule oder im Studium ist, dass der Rechenweg nicht durch Punkte „belohnt" wird. Das hat aber auch einen **entscheidenden Vorteil**: Es ist egal wie Sie auf das Ergebnis kommen, so lange es das richtige ist. Das klingt einleuchtend, ist jedoch für viele Teilnehmer eine sehr große Umstellung. Zu groß ist oft die Versuchung alle Nebenrechnungen sauber zu Dokumentieren und die Berechnung bis zum Endergebnis durch zu exerzieren. Sobald Sie jedoch im GMAT erfolgreich sind und zu den schwereren Fragen kommen, wird die **Zeit dafür nicht mehr ausreichen**. In vielen Fällen ist es **schlicht nicht notwendig, die Aufgabe bis zu Ende zu rechnen** um eine richtige Antwort zu geben, da es ja nur sehr wenige mögliche Antworten gibt (die 5 angezeigten). Hierzu sollten Sie während Sie die Aufgabe rechnen immer den Lösungsraum weiter eingrenzen bis nur noch eine Antwortmöglichkeit darin ist. Dann hören Sie auf weiter zu rechnen, auch wenn es sehr verlockend ist weiter zu rechnen und Sie es jahrelang so in der Schule geübt haben.

Im GMAT gilt: Abschätzen geht vor Rechnen

Schauen wir uns dazu nochmal das Beispiel aus dem vorherigen Kapitel zur Auto-Produktion an. Die Frage zielt darauf ab, anzugeben wie viele Autos außerhalb von Stuttgart produziert wurden. Wenn in Stuttgart rund 20 Prozent produziert werden, müssen **rund 80 Prozent außerhalb von Stuttgart produziert** werden. Die einzige Antwortmöglichkeit die **ungefähr 80% von 5 Millionen** entspricht ist **3.9 Millionen**. Es bringt daher keinen Mehrwert exakt zu berechnen ob es 3.8 oder 4.0 ist, da ja nur 3.9 überhaupt zur Auswahl steht. Sicherlich ist das eine sehr einfache (aber durchaus realistische) GMAT-Aufgabe, aber auch bei deutlich schwereren Aufgaben lässt sich diese Technik meist im Laufe des Lösungsprozesses anwenden.

4.4 Einsetzverfahren

Beim „Plugging-in“ suchen Sie sich eine Zahl aus mit der Sie eine Algebra-Aufgabe durchrechnen

Bei Algebra-Fragen kommt es regelmäßig vor, dass die Lösungsmöglichkeiten keine einfachen Zahlen sind, sondern eine oder mehrere Variablen beinhalten. Für diese Fälle gibt es eine sehr hilfreiche, alternative Lösungsstrategie, **das Einsetzverfahren oder „Plugging-in“**. Diese Technik ist denkbar einfach und für alle Fragen nutzbar, bei denen die **Antwortmöglichkeiten Variablen beinhalten**. Hierfür legt man selbst eine beliebige Zahl fest, die man zunächst in die Aufgabenstellung einsetzt und dann nach und nach in die Antwortmöglichkeiten. Die erste Antwortmöglichkeit, die dieselbe Zahl aus der Aufgabenstellung ergibt, ist die richtige. Die Erfahrung zeigt, dass diese Technik für **überraschend viele Algebra-Fragen angewendet werden kann**. Jedoch muss auch diese Technik verfeinert und ausreichend geübt werden, damit Fehler vermieden werden. Zunächst sollten Sie natürlich Zahlen auswählen, mit denen Sie **möglichst leicht rechnen können**. Zum anderen sollten Sie beim Einsetzen in die Lösungsmöglichkeiten immer bei der Mitte anfangen. Abhängig davon ob die resultierende Zahl zu groß oder zu klein ist, entscheiden Sie dann ob Sie nach „oben“ oder „unten“ weitermachen. Hierbei machen wir uns wieder zu Nutze, dass die Antwortmöglichkeiten **grundsätzlich aufsteigend sortiert sind**. Dadurch müssen Sie im schlimmsten Fall 3 Lösungsmöglichkeiten durcharbeiten, anstatt 5.

Hierzu ein Beispiel. Hinweis: Im GMAT haben die Antwortmöglichkeiten keine Nummerierung oder Buchstaben. Im Folgenden werden wir jedoch immer die Antwortmöglichkeiten mit A-E beschriften um es einfacher zu machen die Antworten zu besprechen.

Mary and Jane together have p glass marbles, where p is a positive integer. Jane has q less glass marbles then Mary, where q is a positive integer less than p. Which of the following represents the number of glass marbles Mary has?

(A) $\frac{(p-q)}{2}$

(B) $\frac{(p+2)}{q}$

(C) $\frac{p}{q}$

(D) $\frac{(p+q)}{2}$

(E) 2q - p

Übungsaufgabe zum Einsetzverfahren. Welche Zahlen würden Sie einsetzen?

Lassen Sie uns hier gemeinsam das Einsetzverfahren üben. Hierzu müssen wir zunächst **eine beliebige Zahl festlegen, die wir einsetzen wollen**. Damit es einfach zu rechnen ist, nehmen wir die **Zahl 10 für die Summe der Murmeln (p)**. Laut Aufgabenstellung hat Jane weniger Murmeln hat als Mary, sagen wir **4 (q)**. Daraus ergibt sich, dass **Mary 7 Murmeln hat und Jane 3**. Wie gesagt wären alle anderen Zahlen hier auch möglich, sofern Sie diese Bedingungen erfüllen. Die Frage ist wie viele Murmeln Mary hat (letzter Satz). Das schöne ist nun, dass wir die Antwort bereits wissen, zumindest für „unsere Zahlen", nämlich 7 Murmeln. Doch woher wissen wir nun welche Antwortmöglichkeit richtig ist? Dafür müssen wir nun **die von uns gewählten Zahlen in alle Antwortmöglichkeiten einsetzen**. Aber natürlich nicht in alle, denn wir fangen in der Mitte an, **also mit Option C: p / q oder 10 / 4 wenn wir unsere Zahlen einsetzen**. Das müssen wir natürlich nicht ausrechnen, sondern nur abschätzen ob die Antwort 7 sein kann. In diesem Fall ist es recht offensichtlich, **dass die Antwort zu klein ist** (kleiner als 7). Daher gehen wir eine Antwortoption nach unten, zur nächstgrößeren Lösungsmöglichkeit. Wenn wir hier die Zahlen einsetzen bekommen wir 10 + 4 / 2 = 7, **also genau die Lösung, die wir suchen!** Wir können also Antwortoption D (die 4.) ankreuzen, ganz **ohne ein einziges Mal Algebra angewendet zu haben**. Natürlich könnt man diese Aufgabe auch algebraisch lösen, wie das geht besprechen wir später bei den Übungsaufgaben.

Algebra macht Ihnen Angst? Kein Problem, es geht auch ohne...

4.5 Rückwärtsrechnen

Beim Rückwärtsrechnen setzt man keine beliebigen Zahlen ein sondern die 5 angebotenen Antwort-Optionen

Eine weitere Möglichkeit mathematische Fragen abzukürzen ist das sogenannte **Rückwärtsrechnen** oder **„Plugging-in-the-Answer-Choices"**. Diese Technik kann dann angewendet werden, wenn alle Antwortmöglichkeiten Zahlen sind. Also immer dann, wenn das Einsetzverfahren aus dem vorigen Kapitel nicht anwendbar ist. Der Schlüssel dieser Technik liegt in der Erkenntnis, **das die richtige Antwort immer ganz nah ist**. Da ja eine der 5 Antwortmöglichkeiten richtig ist, sehen Sie die richtige Antwort immer direkt vor sich, Sie müssen nur entscheiden welche es ist. Hierfür lässt sich ein kleiner Trick anwenden: **Wir setzen einfach alle Werte ein, bis wir feststellen, dass eine Antwort passt**. Wenn beispielsweise nach einem Wert x gefragt wird und 5 Zahlen als Antwortmöglichkeiten vorgegeben sind, kann man einfach die Ergebniszahlen in die Formel einsetzen, die erste der fünf Zahlen, die eine Lösung ergibt, ist die richtige Antwort. Auch hier gibt es einiges zu beachten, **so beginnen Profis wieder mit der mittleren Zahl und fahren dann mit der nächst größeren/kleineren fort**. Im Folgenden ein einfaches Beispiel.

Übungsaufgabe Rückwärtsrechnen

A certain company's profits have doubled for each of the 4 years it has been in existence. If the total profits for the last 4 years were $30 million, what were the profits in the first year of operation?

(A) $1 million
(B) $2 million
(C) $4 million
(D) $4,5 million
(E) $6 million

Mit oder ohne Algebra? Ihre Entscheidung

Auch dies Aufgabe ist aus dem Bereich Algebra und verlangt von uns die Formel $30 = 1x + 2x + 4x + 8x$. aufzustellen. Wenn man diese nach x auflöst, dann erhält man als Antwort 2. **Man kann diese Frage jedoch auch durch einsetzen lösen**. Wir fangen dabei mit der mittleren Lösungsmöglichkeit C an. Wenn wir also annehmen, dass die Firma im ersten Jahr 4 Millionen Gewinn macht, dann wären es im zweiten Jahr 8 Millionen, im dritten Jahr 16 Millionen und dann 32 Millionen. Hier merkt man schon ohne zu rechnen, dass **die Lösung zu groß ist**. Daher machen wir mit der nächst kleineren Lösungsmöglichkeit weiter, der 2. Starten wir bei 2 Millionen, dann verdient die Firma im zweiten Jahr 4 Millionen, dann 8, dann16. Zählen wir diese Zahlen zusammen, dann ergibt **dies genau 30, also der gesuchten Zahl**. Wir können nun also guten **Gewissens B ankreuzen**, ganz ohne Algebra angewendet zu haben.

4.6 Die GMAT Mathematik

Auch wenn wir nun einige Techniken kennen gelernt haben, die es uns ermöglichen ganz ohne Mathematik Aufgaben aus der Quant-Sektion zu lösen, so wollen wir uns im Folgenden **dem klassischen Weg der Berechnung zuwenden**. Denn auch hier gibt es einige Tricks und Kniffe um Berechnungen von GMAT-Aufgaben schneller und sicherer anzugehen. Wir wiederholen an dieser Stelle natürlich nicht **den ganzen Stoff aus der Mittel- und Oberstufe**, sondern fokussieren uns auf die im GMAT am häufigsten verwendeten Konzepte und Regeln.

Im GMAT erwarten Sie Aufgaben aus den drei Beriechen Arithmetik, Algebra und Geometrie

Grundsätzlich versucht der Algorithmus des GMAT ungefähr gleich viele Fragen aus den Bereichen **Arithmetik**, **Algebra** und **Geometrie** zu Stellen. Grade bei schweren Aufgaben im Bereich Arithmetik, kommt häufig auch **Wahrscheinlichkeitsrechnen** (Stochastik) vor, weshalb wir hierauf nochmal gesondert eingehen.

4.7 Grundlagen GMAT Arithmetik

Zunächst sollten Sie natürlich die **Grundrechenarten** beherrschen, also addieren, subtrahieren, multiplizieren und dividieren können. Das klingt zunächst einfach, jedoch gibt es in der GMAT-Quant-Sektion **keinen Taschenrechner**. Sie sollten daher nochmal wiederholen, wie man z.B. schriftlich zwei Zahlen multipliziert und dividiert. Die gute Nachricht ist, dass Sie das in den wenigsten Fällen wirklich brauchen werden, da Sie wenn **immer möglich nur Antworten abschätzen sollten** und nicht zu Ende rechnen. Bei manchen GMAT-Fragen lässt es sich jedoch nicht vermeiden und daher lohnt es sich diese Techniken, die Sie in der Grundschule wahrscheinlich bereits konnten, aufzufrischen.

In der Quant Sektion gibt es keinen Taschenrechner

Jetzt ein paar grundlegende Regeln bzw. Begriffe, die Ihnen helfen werden **Arithmetik-Aufgaben** im GMAT zu lösen. Wir fokussieren uns hierbei auf die häufigsten Regeln, die im GMAT vorkommen. Der erste Begriff, den man kennen muss ist „**integer**", was **Ganzzahl** bedeutet, also eine Zahl ohne Komma. Die Begriffe „**odd**" und „**even**", für ungerade bzw. grade sollte man ebenfalls gehört haben. Hierzu gibt es eine Vielzahl an Regeln. Das Gute ist, diese muss man nicht auswendig lernen. Es reicht, wenn man weiß, dass **diese Regeln immer gleichbleiben** und ich sie mir daher **leicht herleiten kann**. Das geht so: ich nehme einfach zwei beliebige Zahlen z.B. 2 und 3 und wenn die Frage ist „ungerade mal ungerade gibt?" dann setze ich ein 3 x 3 gibt 9 d.h. ungerade mal ungerade gibt immer ungerade.

Integer ist eine Ganzzahl

Erinnern Sie sich noch an Primzahlen? Sie sollten die ersten Primzahlen immer auswendig können

Ein weiteres häufiges Thema im GMAT sind Primzahlen. Eine **Primzahl ist eine Zahl, die nur durch 1 und sich selber teilbar** ist und sonst keine weiteren Teiler hat. Wichtig ist: 0 und 1 sind keine Primzahlen. Sie sollten sich für den GMAT **die ersten 5 Primzahlen merken**, diese sind: **2, 3, 5, 7, 11** und **13**. Wenn Sie sich diese Zahlen merken können, dann können Sie damit schon rund ein Drittel der Primzahl-Aufgaben lösen. Es gibt neben den Primzahlen auch Zahlen, die nur durch 3 teilbar sind. Um bei einer großen Zahl zu prüfen ob sie durch 3 teilbar ist gibt es einen kleinen Trick: **Eine Zahl ist dann durch drei teilbar, wenn ihre Quersumme durch drei teilbar ist.** Dies kann man auch mehrmals machen bei sehr großen Zahlen, bei denen selbst die Quersumme zunächst noch mehrere Stellen hat.

Bei Verhältnissen sollten Sie immer an das Ganz (die Summe) denken und daraus die Teilmengen errechnen

Grundsätzlich gilt im Bereich Arithmetik, dass Sie immer, wenn sie **Dezimalzahlen** sehen, die so aussehen, als ob man sie in einen **Bruch umwandeln** kann (z.B. 0,25), dann sollten sie das auch machen. Denn der GMAT testet, ob Sie Dezimalzahlen in Brüche umwandeln können und umgekehrt. Meist lässt sich durch die Umwandlung dann **etwas kürzen** oder **einsetzen**. Des Weiteren sind **Verhältnisse** (sog. „ratios“) sehr beliebt im GMAT. Bei diesem Aufgabentyp, sollte man **zunächst die Summe ausrechnen** und dann die zwei Verhältnisse in Form von Brüchen bilden. Ein einfaches Beispiel: Das Verhältnis von Jungs zu Mädels ist 2 zu 3. Ich sollte hier auf keinen Fall den Bruch 2/3 bilden, sondern zunächst die Summe errechnen. Wenn das **Verhältnis 2 zu 3** ist, ist die **Summe 5** und ich kann daraus den Bruch **2/5** und **3/5** bilden. Das heißt, es gibt zwei Fünftel Jungs und drei Fünftel Mädels in dieser Klasse.

Abschließend sollten Sie noch die englischen Begriffe für die **Stellen einer Zahl** kennen. Die „**units digit**“ bezeichnet die Einerstelle (also z.B. die „2“ bei der Zahl 102). Hier die Übersicht der weiteren Stellenbezeichnungen am Beispiel der Zahl 7654,321. Wichtig: im GMAT ist das **Dezimaltrennzeichen immer ein Punk**t, während ein Komma das Tausendertrennzeichen ist.

7	6	5	4.	3	2	1
thousands	hundreds	tens	units	tenths	hundredths	thousands

4.8 Grundlagen GMAT Kennwerte und Mengenlehre

Ein weiteres sehr häufiges Thema im GMAT sind Kennwerte, wie der Mittelwert oder die Spannweite. Diese wollen wir uns nun genauer ansehen:

Arithmetik Mean

Es gibt in der Statistik sehr unterschiedliche Möglichkeiten die Zentrale Tendenz (also den Schwerpunkt einer Verteilung) anzugeben. Eine dieser Möglichkeiten ist das arithmetische Mittel, den Sie wahrscheinlich einfach als Mittelwert kennen. Hierzu **addiert man alle Werte eine Verteilung auf** und **teilt diese Summe durch die Anzahl der Werte**.

Neben dem geläufigen Mittelwert gibt es noch weitere Kennwerte, die die „Mitte" einer Verteilung angeben

Median

Der Median ist die Zahl, **die genau in der Mitte steht**, wenn man die Zahlen der Größe nach anordnet. Zunächst ordnet man also alle Werte der Größe nach an (z.B. von dem geringsten bis zum höchsten IQ) und dann sucht man den Wert, der genau in der Mitte liegt. Anders ausgedrückt ist das am Beispiel des IQ genau die Person, **bei der es gleich viele Personen gibt, die einen geringeren und die jeweils einen größeren IQ haben**. Hierbei ist jedoch zu beachten, dass es nicht immer die eine Person gibt, die genau in der Mitte steht. Bei einer ungeraden Anzahl von Werten ist es der Wert in der Mitte, wenn man die Messwerte der Größe nach anordnet. Bei gerader Anzahl von Werten wird das arithmetische Mittel aus dem größten Wert der unteren Hälfte und dem kleinsten Wert der oberen Hälfte berechnet. Anders ausgedrückt nimmt man die beiden Zahlen in der Mitte und teilt dies durch zwei.

Der Median ist die mittlere Zahl, wenn man diese der Größe nach anordnet

Mode

Der Modus (engl. mode) ist der Wert der in einer Verteilung **am häufigsten vorkommt**. Theoretisch können auch zwei Werte gleich häufig vorkommen, man spricht in diesem Fall von Modi (engl. modes). Wichtig dabei: es handelt sich um den häufigsten Wert **nicht den größten Wert**, das wird leider oft in der Hektik des Tests verwechselt.

Der Modus ist die häufigste Zahl

Zur Wiederholung und Verfestigung dieser Drei Begriffe hier eine kleine Übung. Wir wollen für die folgende Verteilung jeweils das arithmetische Mittel, den Median und den Modus berechnen. Versuchen Sie es selbst im Kopf zu lösen, bevor Sie weiterlesen.

Berechnen Sie das arithmetische Mittel, den Median und den Modus für folgende Zahlen:

Eine kleine Übung zu den Kennwerten

Lösung:

Der **Modus** ist recht einfach zu bestimmen. Es gibt **nur eine Zahl, die zwei Mal vorkommt**, nämlich die **7**. Daher ist der Modus 7. Für den **Median** müssen wir **zunächst die Zahlen der Größe nach anordnen**. Das sieht dann so aus:

Nun suchen wir **die Zahl die direkt in der Mitte steht** und das ist die **5** (3 Zahlen sind jeweils größer und kleiner). Zuletzt bestimmen wir das **arithmetische Mittel**. Hierzu berechnen wir die **Summe der Werte**. Die Summe der Werte ist 42 und diese teile ich nun durch die Anzahl der Werte (hier sind es 7 Werte). Daher ist der **Mean** 42/7 oder **6**.

Neben den Maßen der zentralen Tendenz gibt es auch Kennwerte die, die Streuung der Werte ausdrücken. Hierbei sind im GMAT vor allem folgenden beiden Kennwerte relevant.

Die Spannweite (Range)

Die Spannweite sagt uns wie weit die Werte maximal auseinanderliegen

Die Spannweite (engl. „Range“) ist ein Maß dafür, wie w**eit der kleinste Wert vom größten Wert entfernt ist**. Hierzu zieht man vom größten Wert den kleinsten Wert ab. Für das obige Zahlenbeispiel ist die Spannweite 14 -2 also **12**.

Die Standardabweichung (Standard Deviation)

Die Standardabweichung ist ein Maß dafür **wie weit alle Werte durchschnittlich rund um den Mittelwert streuen**. Hierzu bildet man die Differenz aller Werte zum Mittelwert und quadriert diese jeweils (da sich diese sonst gegenseitig aufheben würden). Die Summe dieser quadrierten Abweichungen teilt man durch die Anzahl der Werte und zieht abschließend die Wurzel (um der Effekt des Quadrierens wieder rückgängig zu machen). **Aber keine Sorge: Im GMAT müssen Sie die Standardabweichung nicht berechnen**. Meist ist nur gefragt **welcher Bereich** (auch Intervall genannt) sich mit einer gegebenen Standardabweichung ergibt. Ist zum Beispiel bekannt, dass der Mittelwert des IQ in der Bevölkerung 100 ist und die Standardabweichung 15 beträgt, was ist dann der resultierende Bereich innerhalb einer Standardabweichung? Die Lösung ist relativ einfach: 100 -15 ist die **untere Grenze** und 100 + 15 die **obere Grenze**. Somit ist der **gesuchte Bereich für den IQ: 85 – 115**. Das ist alles was Sie für den GMAT wissen müssen. In der Praxis ist der Bereich einer Standardabweichung der Bereich in dem ca. 2/3 der Wert liegen, das heißt 2/3 der Menschen haben einen IQ zwischen 85 und 115 (das ist wirklich so, müssen Sie aber für den GMAT nicht wissen).

Die Standardabweichung sagt uns wie weit die Werte durchschnittlich auseinanderliegen

4.9 Grundlagen GMAT Wahrscheinlichkeitsrechnung

Das Thema Wahrscheinlichkeitsrechnung ist sicherlich eines der schwierigeren Themengebiete im GMAT Quant-Teil. **Die gute Nachricht** ist jedoch, dass es auch für die Lösung dieser Aufgaben **viele hilfreiche Techniken und Tricks** gibt.

Fangen wir mit der klassischen Wahrscheinlichkeitsrechnung an bei der nach der Wahrscheinlichkeit gefragt ist mit der ein bestimmtes Ergebnis eintritt. Wenn diesen Aufgabentyp sicher und schnell lösen möchte, sollte man eine **relativ einfache Formel** beherrschen, nämlich die Folgende: -

Eine einfache Formel für Aufgaben zur Wahrscheinlichkeit

$$\frac{\text{Anzahl der gesuchten Ereignisse}}{\text{Gesamtanzahl der möglichen Ergebnisse}}$$

Nehmen wir ein einfaches **Beispiel**: Ich werfe ein Würfel und die Frage lautet wie wahrscheinlich ist es eine Vier zu würfeln? Ein normaler Würfel hat sechs Seiten. Das heißt, es gibt sechs mögliche Ergebnisse (Der Nenner ist also 6). Gesucht ist die Wahrscheinlichkeit genau eine 4 zu würfeln. Das ist exakt ein Ereignis, damit ist der Zähler 1 und das Ergebnis ist **ein Sechstel** oder ca. 0,17%. Das hätte so wohl noch jeder im Kopf machen können, auch ohne diese Formeln. Es gibt aber im GMAT üblicherweise deutlich schwierigeren Aufgaben im Bereich Wahrscheinlichkeitsrechnung. Die Frage im GMAT könnte zum **Beispiel** lauten: **Wenn ich einen 6-seitigen Würfel zweimal werfe** (also ich würfele zweimal gleichzeitig oder hintereinander, das spielt in dem Fall keine Rolle) **wie hoch ist die Wahrscheinlichkeit, mindestens einmal eine 4 zu würfeln?** Das ist eine typische GMAT-Aufgabe und hier wird die obige Formel wichtig.

Die Aufgabe klingt einfach, ist sie aber nicht. Die Formel hilft jedoch

Fangen wir im Nenner an. Wenn ich zweimal einen Würfel werfe, wieviel mögliche Ergebnisse habe ich dann? Das ist schon mal eine Frage, wo man ein bisschen überlegen muss. Bei **einem Wurf** haben wir **6 mögliche Ergebnisse**. Werfe ich zweimal, habe ich nicht zweimal sechs, also 12, mögliche Ergebnisse, sondern **zwei hoch 6, also 36** mögliche Ergebnisse. Der Grund dafür ist, dass es alle möglichen Kombinationen von Ergebnissen des ersten und zweiten Würfels gibt. Zum Beispiel kann man mit dem ersten Würfel eine 2 würfeln, dann gibt es immer noch 6 mögliche Ergebnisse, denn der zweite Würfel kann noch 1 bis 6 zeigen. Nun zurück zu unserer Frage wie hoch die Wahrscheinlichkeit ist mindestens einmal eine 4 zu werfen. Mindestens einmal eine 4 heißt **einmal die 4 beim ersten Wurf** oder **beim zweiten Wurf** und jeweils eine andere Zahl auf dem anderen Würfel. Wieviel Möglichkeiten gibt es hierbei. Zunächst mal würde man sagen jeweils 6. Warum? Beim ersten Mal die 4, zum zweiten Mal die 1, 2, 3, 4, 5 oder 6. Dabei habe ich die **4 - 4 Variante** (also den vierer Pasch) jedoch doppelt gezählt. Deswegen sind es nicht 12, sondern 12-1, also 11 mögliche Ergebnisse. Klingt kompliziert? Nicht verzweifeln. In der nachfolgenden Grafik sind alle 36 möglichen Ergebnisse abgebildet und Sie können hierbei auch sehen, dass 11 der 36 möglichen Ergebnisse mindestens eine 4 beinhalten.

Mögliche Ergebnisse, wenn man mit zwei Würfeln würfelt. Alle mit einer „4" sind markiert

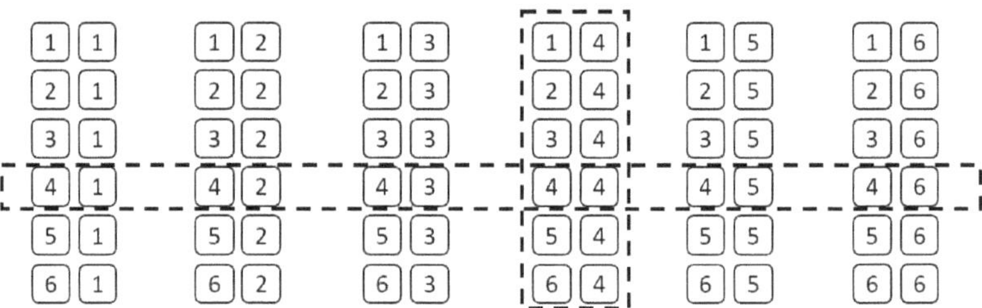

Wenn wir das nun in die obige Formel einsetzen haben wir schon die Lösung. Die Antwort lautet also, dass **die gesuchte Wahrscheinlichkeit** bei zwei Würfeln mindestens eine 4 zu würfeln **11/36** oder **ca. 30%** ist.

Mit dieser Herangehensweise kann ich **alle Aufgaben im GMAT lösen, die nach einer Wahrscheinlichkeit fragen**. Das schöne ist, dass es immer eine überschaubare Anzahl an möglichen Ereignissen ist, die gesucht sind. Dadurch ist es in der Übungsphase durchaus möglich sich alle Varianten aufzuzeichnen. Im echten GMAT sollten Sie das natürlich nicht machen. **Tipp:** Wenn nach einer Wahrscheinlichkeit gefragt ist, die vermutlich sehr hoch ist (also > 50%), dann ist es einfacher **mit der Gegenwahrscheinlichkeit zu rechnen**. Die Wahrscheinlichkeit für ein Ereignis ist 1- Gegenwahrscheinlichkeit. Wenn beispielsweise gefragt ist wie hoch die Wahrscheinlichkeit ist, dass ich eine 1, 2, 3, 5 oder 6 werfe, dann ist es einfacher die Wahrscheinlichkeit dafür zu berechnen eine 4 zu werfen (ca. 30%) und dann 1 minus diese Wahrscheinlichkeit zu rechnen (also 70%).

Manchmal ist es einfacher mit der Gegen-Wahrscheinlichkeit zu rechnen

4.10 Grundlagen GMAT Kombinatorik

Im Bereich Stochastik gibt es noch ein weiteres Thema, das im GMAT abgefragt wird: **Die Kombinatorik**. Aufgaben aus diesem Bereich beschäftigen sich im GMAT meist mit der Frage wie viele mögliche Anordnungen, also **Kombinationsmöglichkeiten**, es in einem bestimmten Fall geben kann. Um diese Aufgaben lösen zu können, benötigen Sie Grundkenntnisse zum Thema Permutation. Aber keine Angst, das ist um einiges leichter als es klingt. Wichtig hierbei ist die Formel: **n!** (das ! steht für Fakultät). Fakultät bedeutet man rechnet immer **die Zahl mal die Zahl minus 1** solange bis ich bei eins bin. Beispiel 4! (4 Fakultät) heißt 4 mal 3 mal 2 mal 1, also 24.

Oft ist im GMAT nach der Anzahl der Kombinationen gefragt.

Wofür brauche ich das nun? Ein einfaches Beispiel: Ich habe eine Garage mit 4 Plätzen und ich habe vier Autos, einen Mercedes, einen Audi, einen VW und einen Alfa. Sie könnten die 4 Autos in einer beliebigen Reihenfolge auf die vier Parkplätze parken. Die Frage wäre dann **wieviel mögliche Anordnungen gibt es?** Die Antwort ist: **4 Fakultät**. Das heißt, es gibt **24 Möglichkeiten**, 4 Autos in 4 Garagen zu stellen. In gleicher Weise können Sie für beliebige Themen die Anzahl der Kombinationen bestimmen. Wenn zum Beispiel **5 Fußballmannschaften** ein Turnier spielen, dann gibt es 5 Fakultät, also **120 Kombinationsmöglichkeiten**.

In den meisten Fällen lautet die Antwort einfach: n!

Es wird jedoch noch **einen Tick schwerer**, denn oft ist im GMAT die Anzahl der Autos oder Fußballmannschaften, die ich zur Auswahl habe, größer ist als die Anzahl der Plätze. Also ich habe beispielsweise 10 Autos und nur 4 Parkplätze und oder ich habe nicht 3 Mannschaften die um 3 Pokale spielen, sondern **10 Mannschaften in einem Turnier** und **nur die besten 3 bekommen einen Pokal**. Hier hilft es sich grade am Anfang die zur Verfügung stehenden Plätze aufzuzeichnen. Hier ein weiteres einfaches Beispiel.

Mit solchen Feldern lassen sich komplexe Aufgaben einfach darstellen und lösen.

In die drei leeren Felder schreibt man **gedanklich die Gewinner des jeweiligen Pokals**. Jetzt müssen Sie überlegen, wie viele dieser Mannschaften den ersten Pokal gewinnen können. Für den ersten Pokal sind dies zehn (Da wir ja den Ausgang des Turniers nicht kenne kommt jede Mannschaft in Frage). Aber jetzt kommt **das Entscheidende**: Wenn ich den ersten Pokal vergeben habe an eine dieser zehn Mannschaften, dann können den **zweiten Pokal nur noch neun Mannschaften gewinnen**. Denn ich habe nur noch neun Mannschaften zur Auswahl, die den zweiten Pokal gewinnen können und dann entsprechend **nur noch acht**, **die den dritten Pokal** gewinnen können. Da es jede beliebige Kombination aus Erst-, Zweit- und Drittplatzierten geben kann, müssen diese Zahlen nun noch miteinander multipliziert werden. Das heißt, die Lösung dieser Aufgabe ist Zehn mal Neun mal Acht oder 720. Es gibt **720 Möglichkeiten drei Pokale auf zehn Mannschaften zu verteilen**.

Eine Variante dieser Aufgabe sollte beachtet werden

Es gibt jedoch noch e**ine Variation von dieser Aufgabe**, die man unbedingt kennen sollte. Wir machen dasselbe Beispiel, das heißt, wir haben unsere zehn Fußballmannschaften und die spielen in ihrem Turnier. Jetzt geht es aber nicht um Pokale, sondern jetzt geht es darum, dass die besten drei Mannschaften in die **nächsthöhere Liga** dürfen. Das ist eigentlich zunächst einmal dasselbe. Das heißt, es gibt wieder drei Felder für die drei Gewinner-Mannschaften. Nur jetzt haben wir nun keine Pokale, sondern das Zertifikat für die nächst höhere Liga. Diese Zertifikate berechtigen die besten drei Mannschaften, in die nächsthöhere Liga aufzusteigen.

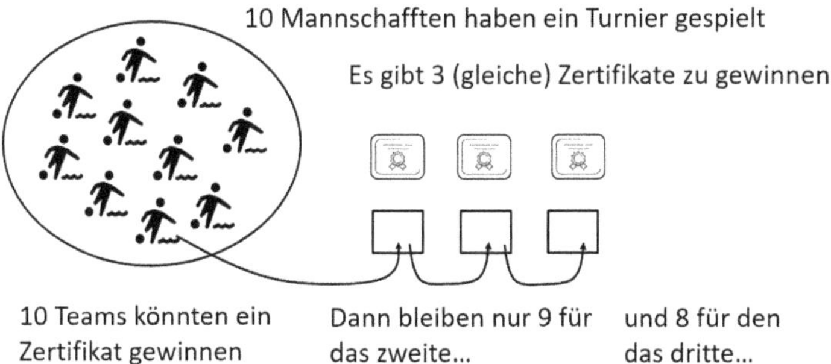

Das erste Zertifikat kann ich wieder an jede der zehn Mannschaften vergeben. Das zweite Zertifikat kann ich, wenn ich das erste vergeben habe, nur noch an neun vergeben. Das dritte an acht. Daraus ergeben sich **wieder 720 Möglichkeiten**, drei Zertifikate an zehn Mannschaften zu vergeben. Aber das Ergebnis hier ist **hier falsch**. Warum? Weil hier die **Reihenfolge der Zertifikate keine Rolle spielt**. Und das ist der **große Unterschied** zwischen diesem Beispiel davor mit den Pokalen. Die Pokale waren unterschiedlich. Es gab einen Pokal für den ersten Platz, der sicherlich größer war Pokal als der für den zweiten Platz oder den dritten Platz. Die Zertifikate sind hingegen alle gleich. Die besten drei Mannschaften dürfen in der nächst höheren Liga spielen und dabei spielt es **keine Rolle, welche Mannschaft den ersten, zweiten oder dritten Platz macht**. Das heißt, diese **Reihenfolge innerhalb dieser drei Plätze** ist in den 720 Kombinationsmöglichkeiten enthalten sollte aber eigentlich dort nicht berücksichtigt werden. Wie komme ich nun weiter? Wir müssen diese Anzahl **durch die Anzahl der möglichen Anordnungen der drei Positionen teilen**, also durch 3 Fakultät. Die richtige Lösung in diesem Fall ist also 720 durch 3 Fakultät oder 720 / 6 und damit **120**. Es gibt 120 Kombinationen für 3 Aufsteiger aus 10 Mannschaften, wenn die Reihenfolge der Aufsteiger keine Rolle spielt.

Ähnliches Beispiel mit anderem Ergebnis

Sie sollten sich also für die Lösung von Aufgaben im Bereich Kombinatorik immer die Frage stellen **ob die Reihenfolge eine Rolle spielt**. Bei den meisten Aufgaben spielt die Reihenfolge eine Rolle, dann können Sie einfach wie im ersten Beispiel rechnen. Wenn die Reihenfolge keine Rolle spiel, das heißt, wenn die Felder alle gleich sind, müssen Sie noch durch die Fakultät der Anzahl der Felder teilen.

Wichtig Frage: Spielt die Reihenfolge eine Rolle oder nicht?

4.11 Grundlagen GMAT Algebra

Algebra ist für viele Testeilnehmer seit der Schulzeit ein rotes Tuch. Im GMAT werden jedoch nur sehr **grundliegende Aspekte der Algebra** abgefragt und es gibt dementsprechend nur wenige Regeln, die Sie hierfür wissen sollten. Bei Algebra-Aufgaben geht es fast immer darum eine Gleichung zu lösen. Fangen wir daher damit an die Algebra Basics aus der Schulzeit nochmal durch zu gehen.

Hat eine Gleichung nur eine Unbekannte kann sie schnell gelöst werden

Gleichungen mit einer Unbekannten:
Wenn Sie eine Gleichung mit nur einer Unbekannten haben, können Sie diese lösen, indem Sie die Gleichung nach dieser Unbekannten umstellen. Ist beispielsweise gefragt „was ist x?“ und gegeben ist $5x + 10 = 15$ dann kann ich diese Gleichung zunächst durch 5 teilen und erhalte die umgeformte Gleichung $x + 2 = 3$. Wenn ich dann noch -2 rechne erhalte ich bereits die Lösung $x = 1$.

Etwas schwerer wird es, wenn eine Gleichung **zwei Unbekannten** hat (also z.B. x und y). Eine solche Gleichung kann ich nicht direkt durch umformen lösen. Wenn ich allerdings **zwei Gleichungen** habe mit denselben zwei Unbekannten (und diese sind stochastisch unabhängig) kann ich eine Lösung finden. Hierzu kann ich entweder **die eine Gleichung in die andere einsetzen** oder beide addieren oder subtrahieren.

Beispielsweise könnten im GMAT folgende Gleichungen gegeben sein:

$5x - 2y = 1$ und $2x + 2y = 6$

In diesem Fall können beide Gleichungen addiert werden, wobei sich die Variable y weg kürzt. Dazu am besten beide Gleichungen untereinanderschreiben:

$$\begin{array}{l} 5x - 2y = 1 \\ \underline{2x + 2y = 6} \\ 7x \qquad = 1 + 6 \end{array}$$

Bei zwei Unbekannten wird die Lösung schon etwas schwerer

Als Ergebnis erhalten wir $7x = 1 + 6$ oder $x = 1$. Diese Information können wir wiederum in eine der ursprünglichen Gleichungen einfügen und erhalten z.B. $5 - 2y = 1$ oder $-2y = -4$ oder $y = 2$.

Noch etwas komplexer wird es wenn die Variablen in **quadrierter Form** vorliegen. Hierbei testet der GMAT ob Sie eine **fakturierte Gleichung** z.B. $(x+2)(x+5)$ in eine **unfaktorierte Version** z.B. $x^2+7x+10$ umformen können und umgekehrt. Allerdings kommen im GMAT fast ausschließlich die **standardisierten Umformungen** dieser quadratischen Gleichungen dran, die Ihnen aus der Schulzeit wohl noch unter dem Begriff „**Binomische Formeln**“ bekannt sind. Aber auch hier gibt es Entwarnung, denn Sie brauchen **keine Mitternachts-Formel** oder ähnliches. Alles was Sie für den GMAT brauchen sind die drei binomischen Formeln, die man im Zweifel auch einfach auswendig lernen kann.

Die binomischen Formeln

Die binomischen Formeln lauten:

1. $(x+y)^2 = x^2 + 2xy + y^2$
2. $(x-y)^2 = x^2 - 2xy + y^2$
3. $(x+y)(x-y)=x^2-y^2$

Wichtig ist dabei, die **drei Formeln jeweils zu erkennen** und in jeweils **die andere Form umwandeln** zu können. Der GMAT testet dies in dem man meistens mit der umgeformten Variante etwas **auflösen oder wegkürzen** kann.

4.12 Grundlagen GMAT Geometrie

Auch die Geometrie ist im GMAT inhaltlich nicht schwer

Auch die **geometrischen Aufgaben** im GMAT lassen sich mit etwas Auffrischung der Kenntnisse aus der Mittelstufe recht einfach lösen. Hierbei ist es jedoch besonders wichtig die jeweiligen **englischen Begriffe** sicher zu beherrschen. Daher folgen nun die wichtigsten Regeln für Geometrie im GMAT.

Equilateral triangle
Ein gleichseitiges Dreieck hat drei Seiten, die gleich lang sind und alle Winkel sind 60°.

Auch wenn die Dreiecke bekannt sind, so sind es wahrscheinlich die englischen Namen nicht

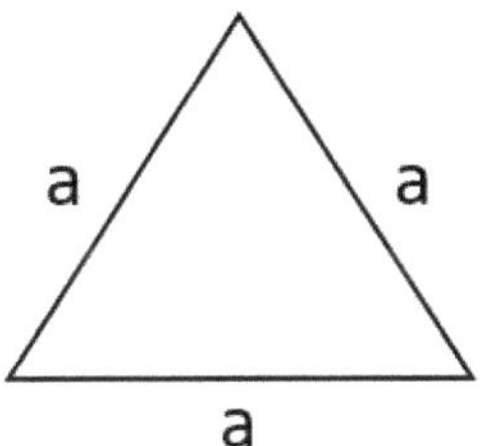

Isosceles triangle
Ein gleichschenkliges Dreieck hat zwei Seiten, die gleich lang sind.

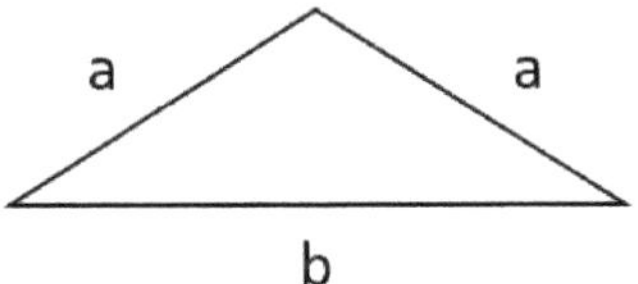

Right triangle (Pythagorean triangle)
Ein rechtwinkliges Dreieck (auch pythagoreisches Dreieck) hat einen Winkel mit 90 Grad und es gilt $a^2 + b^2 = c^2$.

Kennen Sie noch den Satz des Pythagoras?

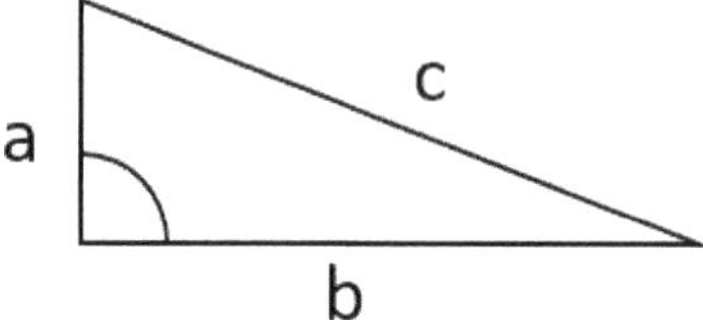

Right isosceles triangle
In einem rechtwinkligen gleichschenkligen Dreieck sind zwei Seiten gleich lang und die andere Seite ist "Seite x √2" oder ca. 1,4 x Seite (dies hilft beim Abschätzen.

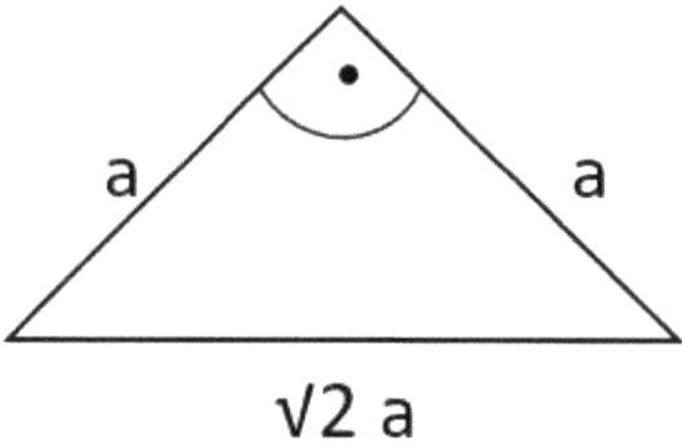

30:60:90 right triangle
Dies ist eine sehr häufige Variante im GMAT. In einem Dreieck mit den Winkeln 30:60:90 sind die Seiten x: √3x : 2x. Merken Sie sich daher die folgenden Näherungen: $\pi \approx 3$, $\sqrt{2} \approx 1{,}4$, $\sqrt{3} \approx 1{,}7$, $\sqrt{4}=2$. Das häufigste rechtwinklige Dreieck im GMAT ist $3^2 + 4^2 = 5^2$ und Vielfache davon wie $6^2 + 8^2 = 10^2$.

Ein im GMAT recht häufig vorkommendes Dreieck

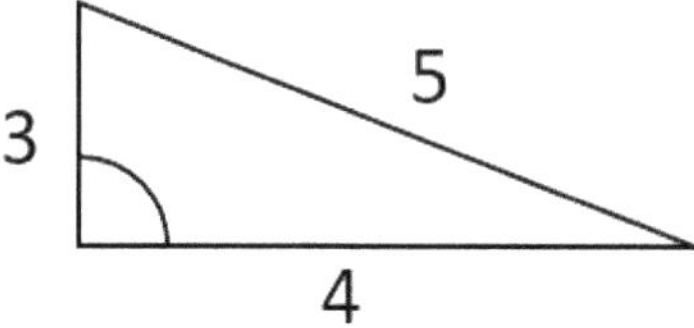

Diameter
In einem Kreis entspricht der Durchmesser (engl. Diameter) 2 x Radius.

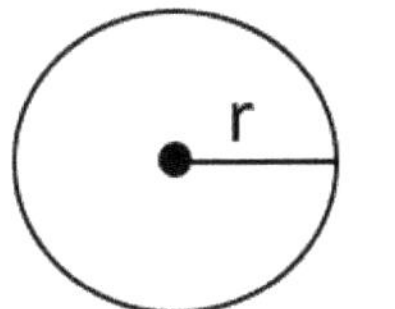

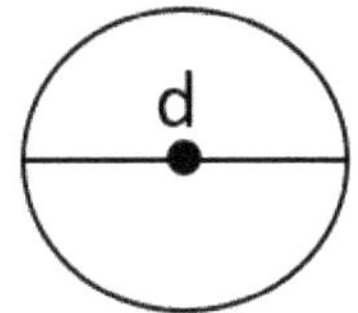

Auch für den Kreis gibt es einige englische Begriffe zu lernen

Area and Circumference
Die Fläche (area) ist $\pi \times r^2$ und der Umfang (circumference) ist $2 \pi r$

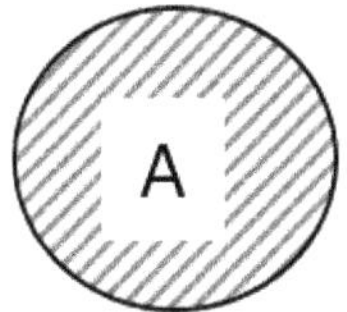

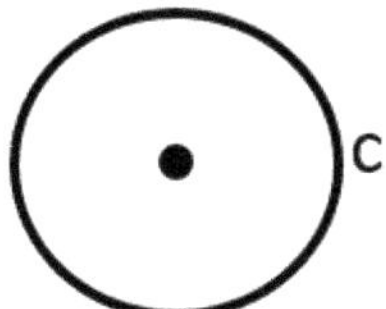

Quadrilateral
Ein Viereck ist eine vierseitige Figur (muss keine rechten Winkel besitzen). Der Umfang eines Vier- oder Dreiecks heißt im englischen perimeter.

Ein Viereck ohne rechte Winkel ist im GMAT eher selten

Rectangle
Ein Rechteck ist eine vierseitige Figur mit allen Winkeln 90°.

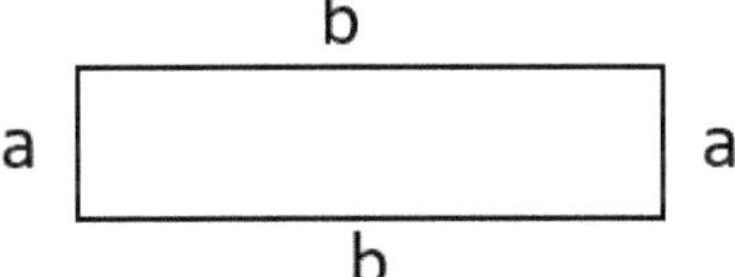

Das Rechteck ist da schon häufiger

Square
Ein Quadrat ist eine vierseitige Figur, bei der alle Winkel 90° sind und alle Seiten gleich lang sind.

Das Quadrat

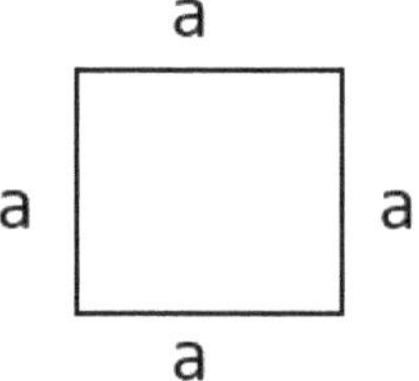

Das Koordinatensystem

Auch ein grundliegendes Verständnis des Koordinatensystems ist im GMAT wichtig. Die **horizontale Achse** wird auch im GMAT mit **x** und die vertikale mit **y** bezeichnet. Ein **Punkt** im Koordinatensystem wird dabei durch den Wert auf der x-Achse und darauf folgend durch den Wert auf der y-Achse definiert (Beispielsweise Punkt 8/4 im folgenden Schaubild).

Die Bestimmung von Punkten im Koordinatensystem

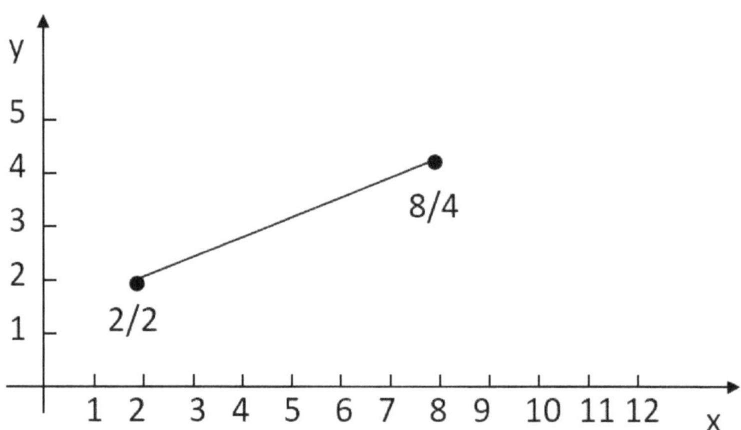

Eine **Gerade** im Koordinatensystem hat die **Gleichung y = mx + b**. Hierbei ist **m** die **Steigung**, englisch slope, und **b** der **y-Achsenabschnitt**, also der Punkt an dem die Gerade die y-Achse schneidet. Die Steigung kann von zwei Koordinatenpunkten berechnet werden, indem die Differenz der y-Koordinaten durch die Differenz der x-Koordinaten dividiert wird.

Im **vorliegenden Beispiel** (Bild) errechnet sich die Steigung wie folgt:

$$m = \frac{4-2}{8-2} = \frac{2}{6} = \frac{1}{3}$$

Die Berechnung der Steigung im Koordinatensystem

Das Koordinatensystem kann auf beiden Achsen natürlich auch in den **negativen Bereich** gehen. Die Berechnungen ändern sich dadurch jedoch nicht.

4.13 Weitere Formeln und Regeln für den GMAT

Dies war nun ein kleiner Ausflug in die Welt der Mathematik anhand der häufigsten Themen im GMAT. Falls Sie sich in diesem Bereich noch unsicher fühlen dann empfiehlt es sich das **Mathematik-Kapitel** des **GMAT Official Guides** durchzuarbeiten. Hier werden auf rund 40 Seiten nochmal alle für den GMAT wichtigen Regeln und Formeln auf Englisch erklärt. Das ist deutlich effizienter als das alte Mathe-Buch aus der Schulzeit raus zu kramen, da Sie mit diesem vieles wiederholen würden was im GMAT gar nicht gefragt wird. Wir wollen nun im Folgenden mit **Übungsaufgaben** weitermachen und hier versuchen unser neu erlerntes bzw. aufgefrischtes Wissen direkt anzuwenden.

Das alte Mathematik-Buch kann im Schrank bleiben

4.14 Problem Solving: Übungsaufgaben und Lösungsstrategien Level leicht

Wir beginnen nun mit den ersten Fragen, die allesamt noch in einer **relativ leichten Schwierigkeits-Kategorie** sind. Wenn Sie diese Fragen richtig beantworten können, sind Sie bei einem Punkte-Niveau von ca. 450-550 Punkte angekommen. Sie sollten sich im Folgenden **jeweils 2 Minuten** Zeit nehmen um eine **eigene Lösung zu erarbeiten** bevor Sie weiterlesen. Das entspricht der Zeit, die Sie im GMAT durchschnittlich für eine Aufgabe haben. Danach besprechen wir verschiedene Lösungswege für jede Aufgabe. **Los geht's.**

Problem Solving
Übungsaufgabe 1
Stufe leicht

PS1: *Einstufung: leicht*

Tom's new compact car gets 40% more gas mileage (miles per gallon) than Peter's old SUV. If Jason's hybrid drive gets 15% more mileage than Tom's new compact car, then Jason's hybrid drive gets what percentage more mileage than Peter's old SUV?

(A) 25%
(B) 46%
(C) 55%
(D) 61%
(E) 66%

Unmögliche Antworten ausschließen

Zunächst sollte man die Aufgabe aufmerksam durchlesen und versuchen **den Lösungsraum einzugrenzen**. Der erst Schritt ist es also sich zu überlegen welche Antwort überhaupt nicht die Lösung sein kann. Hierbei wird relativ schnell klar, dass **A) 25Prozent sicherlich nicht die Antwort** sein kann. Die Antwort muss größer sein als 40 plus 15, also größer als 45 Prozent.

Plugging-In Anwenden

Bei Prozentaufgaben, wie dieser, arbeiten wir generell mit dem Einsetzverfahren, setzen also als Basiswert einfach 100 ein. Damit reduzieren wir die Gefahr von Fehlern erheblich, da bei **mehrstufigen Prozentaufgaben** die Basis von der man die Prozente bildet ständig wechselt. Wer jedoch mit **absoluten Zahlen** rechnet (also 100 einsetzt) ist immer auf der sicheren Seite und spart auch Zeit.

Aufgabe vereinfachen

Der **nächste Schritt** ist, diese Aufgabe zu **verschlanken**. Was heißt das? Wir haben hier viele Informationen im Text, von denen nicht alle für die Lösung notwendig sind. Das ist beim GMAT durchaus bewusst so gemacht, da der Test auch testen soll, ob Sie wesentliche von unwesentlichen Informationen unterscheiden können. **Viele Begriffe**, die man vielleicht auch nicht kennt, **benötigt man für die Lösung auch gar nicht**. Verschwenden Sie also keine Zeit sich darüber Gedanken zu machen was *hybrid drives* oder *mileage* bedeutet. **Vereinfachen Sie die Aufgabe gedanklich** (oder auf dem Skizzenpapier) auf eine einfache Prozentaufgabe.

Wir sagen beispielsweise einfach mal, das **Peter 100** hat und es spielt dabei keine Rolle, was er hat. Es können Äpfel oder Birnen sein. Sagen wir also einfach einmal 100 Äpfel. Wenn man so diese Aufgabe liest, liest sich der erste Satz wie folgt: Tom hat **40 Prozent mehr Äpfel** als Peter. Das macht es doch schon besser. Wenn wir nun wissen, dass Peter 100 Äpfel hat, dann hat Tom 40 Prozent mehr Äpfel, also **140 Äpfel**.

So, jetzt haben wir nur noch eine einzige weitere Information, die relevant ist in dieser Aufgabe, nämlich, dass **Jason 15 Prozent mehr Äpfel hat als Tom**. Tom hat 140 Äpfel. Wenn Jason 15 Prozent mehr Äpfel hat, sollten Sie zunächst einmal überlegen, was 10 Prozent von 140 sind. Das sind 14 (10 Prozent lässt sich immer leicht im Kopf rechnen). Dann fehlen noch 5 Prozent. Das ist die Hälfte von 10 Prozent. Wenn 10 Prozent 14 sind, sind 5 Prozent 7, und zusammen 21, d.h. **Jason hat 21 Äpfel mehr**. Jedoch ist nicht gefragt wie viele Äpfel Jason hat, sondern wie viele er mehr hat als Peter und das sind **61**. Das heißt 61 Prozent oder **Antwortmöglichkeit D** ist in dem Fall richtig.

Problem Solving
Übungsaufgabe 2
Stufe leicht

Einstufung: leicht

During a certain two month period, a super market sold a six-pack of water bottles for $2.70. If this represents savings of 10 percent compared to the price of single water bottles, then what is the price of one single bottle of water?

(A) $ 0.35
(B) $ 0.40
(C) $ 0.45
(D) $ 0.50
(E) $ 0.55

Lösungsweg A
Der Dreisatz

Bei dieser Aufgabe gibt es wieder **verschiedene mögliche Lösungswege**. Lassen Sie uns zunächst den mathematischen korrekten, jedoch langwierigen und fehleranfälligen Weg beleuchten. Bei dieser Aufgabe ist es vorgesehen **einen Dreisatz** zu berechnen. Hier steht, dass es ein Six-Pack von Wasserflaschen gibt für $ 2,70, welches 10 Prozent günstiger ist, als wenn man die Flaschen einzeln kauft. Das bedeutet, diese **zwei Dollar 70 entsprechen 90 Prozent** (also dem um 10 Prozent reduzierten Gesamtpreis der 6 Flaschen). Der Gesamtpreis der 6 Flaschen entspricht 100 Prozent. Jetzt kann ich den Dreisatz bilden, indem ich daraus eine Gleichung mache:

$$\begin{matrix} 2{,}70 & \triangleq & 90\% \\ x & \triangleq & 100\% \end{matrix} \quad \Rightarrow \quad \frac{2{,}70}{x} = \frac{90}{100}$$

Man kann auf beiden Seiten nun die Brüche drehen und nach x aufzulösen in dem man beide Seiten mit 2,7 multipliziert.

$$\frac{x}{2,70} = \frac{100}{90} \qquad x = \frac{2,7 \cdot 100}{90} = \frac{270}{90} = 3$$

X ist also gleich 100 mal 2,7 durch 90 oder 270 durch 90, **damit haben wir die Lösung x = 3**. Wir wissen nun, dass 6 Flaschen 3 Dollar kosten. Eine einzelne Flasche **kostet ein Sechstel davon, also 50 Cent**. Damit haben wir die **Lösung D**. Die Gefahr bei der Berechnung des Dreisatzes ist grundsätzlich, dass man sich beim Umstellen der Gleichungen verrechnet.

Lösungsraum eingrenzen

Daher wollen wir uns nun weitere Lösungsmöglichkeiten für diese Aufgabe ansehen, also andere Arten, die Aufgabe zu lösen, ohne das Anwenden eines Dreisatzes. Hierfür hilft es zunächst wieder den möglichen **Lösungsraum einzugrenzen**. Wenn der Six-Pack 2 Dollar 70 kostet, dann kostet eine Flasche im Six-Pack ein Sechstel davon oder**45 Cent**. Diese 45 Cent sind ja der reduzierte Preis. Die Flasche einzeln kostet mehr als im Sixpack, d.h. **der Preis muss auf jeden Fall höher sein als 45 Cent**. Mit dieser Information kann ich schon **3 Antworten ausschließen**. Wenn ich weiß, dass eine Wasserflasche einzeln teurer sein muss als 45 Cent dann kann ich die 3 Antwortmöglichkeit **A, B und C sofort ausschließen**. Jetzt haben wir nur noch zwei mögliche Antworten, zwischen denen ich mich entscheiden muss (und somit schon eine **Trefferquote von 50%**).

Rückwärtsrechnen

An dieser Stelle kann man nun noch eine andere Technik anwenden, nämlich **Rückwärtsrechnen**. Das bedeutet normalerweise mit der Lösungsmöglichkeit C anzufangen und diese in die Aufgabe einzusetzen. C steht aber gar nicht mehr zur Auswahl, deswegen sollten Sie hier mit **D beginnen** und **50 Cent einsetzen**. Wenn die Flasche einzeln 50 Cent kostet, dann kosten 6 Flaschen **3 Dollar**. Wenn ich davon 10 Prozent abziehe (10 Prozent von 3 Dollars sind 30 Cent) komme ich auf 2 Dollar 70. Das ist genau der Preis des reduzierten Sixpacks. Daher kann ich **direkt D ankreuzen** und habe die Aufgabe gelöst.

Was nun der schnellere Weg ist, hängt davon ab wie schnell und sicher Sie einen Dreisatz berechnen können. Die Erfahrung zeigt jedoch, dass der Weg über Verfahren wie Einsetzen und Rückwärtsrechnen der deutlich **weniger fehleranfällige Lösungsweg** ist. Kommen wir zur nächsten Aufgabe.

The circle on the right, with center O, is intersected by two straight lines. If 3x = y, what is the value of y-x? Note: Figures not drawn to scale (A) 2 (B) 30 (C) 45 (D) 90 (E) 135	*Einstufung: leicht* x° y°

Problem Solving
Übungsaufgabe 3
Stufe leicht

Diese Aufgabe sieht auf den ersten Blick aus wie eine **Geometrie-Aufgabe**, ist aber eigentlich **überwiegend eine Algebra-Aufgabe**. Die Zeichnung ist **nicht maßstabsgetreu**, das bedeutet, wir können die Lösung in diesem Fall leider nicht aus der Grafik abschätzen. Wir müssen uns daher zunächst **mathematisch nähren**. Gegeben ist eine **Gleichung mit zwei Unbekannten**. Diese können wir nicht direkt lösen. Hierfür benötigen wir eine weitere Gleichung mit der zwei gleichen Unbekannten. Die abgebildete Grafik hat eigentlich nur einen Zweck, nämlich uns genau diese Gleichung zu liefern. Wenn man sich diese Zeichnung anschaut, dann sieht man, dass **X und Y zusammen einen Halbkreis** beschreiben. Ein Halbkreis hat immer **180 Grad**, d. h. aus der Zeichnung können wir ableiten, dass **X plus Y gleich 180** ist.

Zwei Unbekannte: Wir brauchen zwei Gleichungen

Nun haben wir zwei Gleichungen können und können daher eine Lösung finden. Hierzu kann ich entweder die **beiden Gleichungen addieren (bzw. subtrahieren)** oder ich **setzte die eine Gleichung in die andere ein**. Wir machen nun letzteres, das heißt ich setze in der Gleichung x + y = 180 für y einfach 3x ein (aus der Aufgabenstellung). Damit erhalte ich x + 3x = 180 oder **4x = 180**. Ich weiß nun, dass **x** ist **45**. Jedoch lauert nun eine große Gefahr, denn an dieser Stelle ist es sehr verlockend die Antwortmöglichkeit C anzukreuzen. **C ist aber nicht die Lösung**, obwohl da 45 steht und wir das gerade ausgerechnet haben. Denn gefragt ist nicht was ist x, sondern **was ist y -x**. Das heißt, ich muss zunächst noch y ausrechnen.

Eine Gleichung in die andere Einsetzen

Wenn ich x schon habe, ist es relativ einfach, denn dann ist **y = 3x**, y ist also dreimal 45 oder 135. Nun haben wir schon die nächste Gefahr. Ich bin wieder in Versuchung, an dieser Stelle Antwort E anzukreuzen. Aber **135 ist auch nicht die Lösung**. Gefragt ist ja y –x. Das heißt 135 – 45 =**90**. Daher ist die **Antwortmöglichkeit D, also 90, die gesuchte Lösung**. Kommen wir nun zu Fragen der nächsten Schwierigkeits-Kategorie.

4.15 Problem Solving: Übungsaufgaben und Lösungsstrategien Level medium

Wir widmen uns nun den „mittelschweren" Aufgaben also Aufgaben, die Sie für eine Score von ca. 550-650 Punkte lösen können sollten. Es bleibt natürlich bei **2 Minuten pro Aufgabe**. Los geht es.

Problem Solving Übungsaufgabe 4

Stufe Medium

Einstufung: Mittel

The arithmetic mean of a certain data set is 36 and the standard deviation of this set is 4. Which of the following contains the interval two standard deviations from the mean of this data set?

(A) 28 to 36
(B) 28 to 44
(C) 32 to 40
(D) 34 to 38
(E) 36 to 40

Die Berechnung des Intervalls der Standardabweichung

Diese Aufgabe ist eigentlich gar nicht schwer, ist aber deshalb in schon in der nächst höheren Kategorie, weil **allein der Begriff *Standard Deviation*** schon viele Teilnehmer zum Aufgeben bringt. Wenn Sie jedoch im Kapitel Kennwerte gut aufgepasst haben, sollte die Lösung dieser Aufgabe Ihnen nicht schwerfallen. Der Bereich einer Standardabweichung errechnet sich mit **Mittelwert minus Standardabweichung** (36 - 4) sowie **Mittelwert plus Standardabweichung** (36 + 4). Jedoch hat diese Aufgabe eine noch eine große Gefahr, denn ein Wort überliest man sehr schnell. Gesucht ist der Bereich, der **zwei Standardabweichungen** rund um den Mittelwert angibt. Daher müssen wir **2** mal 4 also **8** jeweils vom Mittelwert abziehen bzw. addieren. Damit haben wir als Ergebnis **28 – 44** oder **Antwortoption B.**

Einstufung: Mittel

During a certain one month period, 70% of the movies shown on a certain TV station were comedies, and, of the remaining movies shown, there were 5 times as many dramas as action movies. If no other movies were shown during this one month period, and there were A action movies shown, then how many comedies in terms of A were shown during that one month period?

(A) $\frac{A}{14}$

(B) $\frac{5A}{7}$

(C) $\frac{7A}{5}$

(D) 14A

(E) 35A

Problem Solving
Übungsaufgabe 5
Stufe Medium

Lösungsraum eingrenzen

Bei dieser Frage sollten wir zunächst wieder versuchen den **Lösungsraum einzugrenzen**. Gefragt ist die Anzahl der Komödien in Abhängigkeit von A, der Anzahl der Actionfilme. Auch ohne etwas zu rechnen sieht man das **70% der Filme Komödien** sind und nur ein **kleiner Anteil Actionfilme** sind. Die Lösung sollte also ein **Vielfaches von A** sein (da es ja deutlich mehr Komödien gibt). Dadurch kann ich die Lösungsmöglichkeiten **A, B und C direkt ausschließen** und habe schon eine Trefferquote von 50%.

Einsetzverfahren

Um nun zu Entscheiden ob es D oder E ist können wir das **Einsetzverfahren anwenden**. Nehmen wir an es gibt **100 Filme**, dann sind **70** davon **Komödien** und der Rest 30. Von diesem Rest wissen wir nun, dass es 5-mal so viele Dramas gibt wie Actionfilme. Wenn das Verhältnis 5:1 ist, dann bilde ich zunächst die Summe, also 6 und kann dann die Brüche festlegen 5/6 Dramas und 1/6 Actionfilme. Die Anzahl der **Actionfilme** ist also 1/6 von 30 oder **5**. Wir haben jetzt für unsere Zahlen die Lösung (Gefragt ist ja die Anzahl der Komödien, also 70) in Abhängigkeit von A, was in unserem Fall 5 ist. Ich kann nun also **A = 5 in die zwei verbleibenden Lösungsmöglichkeiten einsetzen** und wenn tatsächlich 70 rauskommt habe ich die richtige Lösung gefunden. Dazu fange ich in der **Mitte** an, bzw. da diese schon ausgeschlossen ist, nun bei **D** an. Wenn ich 14 Mal 5 rechne komme ich auf 70. Wir haben unsere Lösung: **Antwortmöglichkeit D.**

Problem Solving
Übungsaufgabe 6
Stufe Medium

Einstufung: Mittel

To create a new menu card for his restaurant, a chef has to choose 3 main courses from 6 possibilities, and two desserts from 3 possibilities. What is the total number of two-course menus he could possibly include in his new menu card?

(A) 720
(B) 126
(C) 120
(D) 60
(E) 23

Visualisierung der Aufgabe

Nun sind wir bereits bei einer Aufgabe aus dem Bereich **Kombinatorik** angekommen. Aber keine Angst, mit den bereits besprochenen Techniken lässt sich auch diese Aufgabe recht leicht lösen. Die Eingrenzung des Lösungsbereichs verlangt hier etwas Erfahrung mit diesem Aufgabentyp, daher starten wir direkt mit der Lösung. Hierzu ist es hilfreich die Aufgabe zunächst auf dem **Skizzenpapier zu visualisieren**. Auf der Menü-Karte werden am Ende 3 Hauptgänge und 2 Desserts stehen, für die der Koch die Auswahl aus 6 respektive 3 Rezepten hat. Das könnte also wie folgt aussehen.

Menü-Karte	Kochbuch
Hauptgänge: ☐ ☐ ☐	Hauptgänge: 6 Rezepte
Desserts: ☐ ☐	Desserts: 3 Rezepte

Befüllung der Kästen mit Auswahlmöglichkeiten

Im nächsten Schritt können wir uns überlegen **wie viele Auswahlmöglichkeiten** der Koch jeweils hat. Für den ersten Hauptgang kann er sich zwischen **6 Rezepten** entscheiden, das ist klar. Hat er jedoch eines ausgewählt, z.B. Spaghetti Bolognese, dann hat er **nur noch 5 zur Auswahl für den nächsten Platz** auf der Menü-Karte (da er ja nicht zweimal das gleiche anbieten will). Wenn wir das Fortführen erhalten wir 6, 5 und 4 Auswahlmöglichkeiten für den Hauptgang und 3 und 2 Auswahlmöglichkeiten für das Dessert.

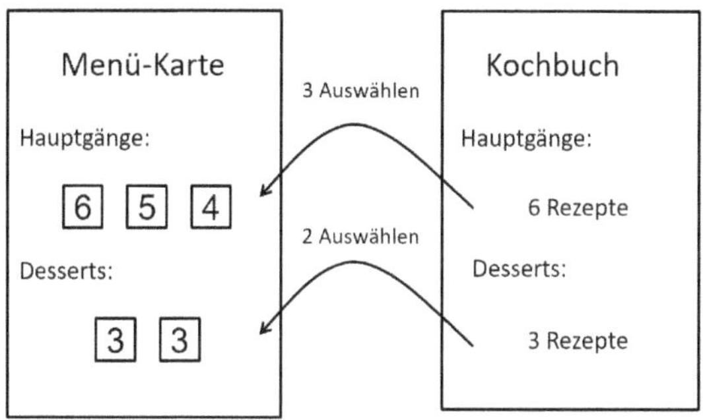

Diese Auswahlmöglichkeiten müssen wir nun jeweils multiplizieren und haben daher:

Hauptgänge: 6 • 5 • 4 = 120 Mögliche Kombinationen

Desserts: 3 • 2 = 6 Mögliche Kombinationen

Da es ja beliebige Kombinationen zwischen Hauptgängen und Desserts geben kann muss ich diese beiden Werte nun noch **multiplizieren** und komme auf **720 Möglichkeiten**. Dies ist jedoch nicht die richtige Antwort (gemein). Wir haben nämlich noch vergessen uns die Frage zu stellen ob die **Reihenfolge hier eine Rolle spielt**. Also ob beispielsweise Spaghetti Bolognese als erster oder zweiter Hauptgang gelistet ist. Laut Aufgabentext wird das nicht berücksichtigt (es steht nichts dazu im Text). Daher haben wir noch **zu viele Kombinationsmöglichkeiten**. Wir müssen also jeweils die Reihenfolge der Hauptgänge und Desserts noch rausrechnen. Dies machen wir einfach in dem wir jeweils durch die Anzahl der Felder Fakultät teilen:

Vergessen Sie nicht die Frage: Spielt Reihenfolge eine Rolle?

Hauptgänge: 120 / 3! also 120 / 3 • 2 • 1 oder120 /6 = **20**

Desserts: 6 / 2! also 6 / 2• 1 oder 6/2 = **3**

Diese Werte müssen wir nun **natürlich wieder multiplizieren** und kommen auf die Lösung: 20 • 3 = **60 Kombinationsmöglichkeiten**. Richtig ist also **Lösung D**. Die falschen Lösungsmöglichkeiten, wie 23 oder 126 sind bei dieser Aufgabe natürlich besonders verlockend (das sind die häufigsten Fehler bei der Berechnung). Daher immer daran denken: Keine Antwortmöglichkeit steht nur zufällig da. Wenn man also eine Lösung hat, die in den Antwortmöglichkeiten vorkommt heißt das noch lang nicht, dass sie auch richtig ist.

Betrachten Sie auch die falschen Antworten, diese sind nicht zufällig ausgewählt

Problem Solving
Übungsaufgabe 7
Stufe Medium

Einstufung: Mittel

Mary and Jane together have p glass marbles, where p is a positive integer. Jane has q less glass marbles then Mary, where q is a positive integer less than p. Which of the following represents the number of glass marbles Mary has?

(A) $\frac{(p-q)}{2}$

(B) $\frac{(p+2)}{q}$

(C) $\frac{p}{q}$

(D) $\frac{(p+q)}{2}$

(E) 2q - p

Einsetzverfahren haben wir zu dieser Aufgabe bereits in Kapitel 4.4 besprochen

Diese Aufgabe lässt sich am schnellsten und sichersten mit dem **Einsetzverfahren** lösen. Wie das funktioniert haben wir am Beispiel dieser Aufgabe bereits im Kapitel zum Einsetzverfahren besprochen. Auch wenn es sich immer Lohnt zunächst zu versuchen einzusetzen, wollen wir uns daher nun an dieser Stelle dem mathematischen Lösungsweg widmen.

Vereinfachung der Aufgabe

Zunächst ist es bei dieser Aufgabe wieder sinnvoll den Text **auf das wesentliche zu reduzieren**. Beisätze wie „where p is a positive integer" können wir beispielsweise getrost ignorieren, da es sich ja im Murmeln handelt und es daher klar ist, dass diese nur in **ganzen** und **positiven Werten** vorhanden sein können. Nun widmen wir uns der Algebra: Der erste Satz gibt uns eine **Gleichung mit zwei unbekannten**, nämlich m + j = p. Um dies zu lösen benötigen wir **eine weitere Gleichung mit denselben zwei Variablen**. Diese leiten wir aus dem zweiten Satz ab. Hier steht das Jane q Murmeln weniger hat als Mary, dies können wir beispielsweise schreiben als m – q = j oder als m – j = q.

Lösung auf dem „Algebra-Weg"

Wir könnten mit beiden Varianten weitermachen und im nächsten Schritt entweder die eine in **die andere einsetzen** oder **die Gleichungen addieren oder subtrahieren**. Wir machen im Folgenden mit der letzteren Variante weiter

Gleichung 1: m + j = p

Gleichung 2: m – q = j

Wenn man die Gleichungen in dieser Form untereinanderschreibt fällt schnell auf, dass es eine überraschend einfache Lösung gibt.

Addieren wir beide Gleichungen erhalten wir:

Für Algebra-Fans vielleicht sogar der schnellere Lösungsweg

2m = p + q

Gefragt ist bei dieser Aufgabe nach **m**, daher müssen wir noch **nach m auflösen**, was in diesem Fall bedeutet, dass wir durch 2 teilen. Nun erhalten wir auch auf diesem Weg die Lösung **p + q /2** oder **Lösungsoption D**.

Welcher Weg der bessere ist, also Algebra oder Einsetzverfahren müssen Sie selbst entscheiden. Die Erfahrung zeigt jedoch, dass im Einsetzverfahren weniger Rechenfehler gemacht werden.

4.16 Problem Solving: Übungsaufgaben und Lösungsstrategien Level schwer

Es ist soweit, wir sind nun **bei den schweren Aufgaben** angelangt. Also den Fragen, die Sie beantworten müssen, wenn Sie **650 Punkt und mehr** im GMAT erreichen wollen. Wenn Sie solche Aufgaben im Test sehen haben Sie schon vieles richtiggemacht, denn nur, wenn Sie die Aufgaben der mittleren Schwierigkeit (die ja alle Testteilnehmer am Anfang erhalten) richtig beantworten, bekommen Sie überhaupt solche Fragen zu Gesicht.

Aber keine Sorge, auch bei diesen Aufgaben kommen die gleichen Techniken zum Einsatz, die Sie schon aus den vorigen Kapiteln kennen. **Es bleibt bei 2 Minuten pro Aufgabe**, diese werden jetzt, zumindest gefühlt, jedoch deutlich kürzer. Los geht es.

Problem Solving Übungsaufgabe 8

Stufe Schwer

Einstufung: Schwer

A certain set of numbers consists of ten consecutive integers. If the sum of the five smallest members of this set is 265, then what is the sum of the five largest members of this set?

(A) 270
(B) 275
(C) 280
(D) 285
(E) 290

Bei dieser Aufgabe lässt sich **leider nicht viel Eingrenzen**, da die Antwortoption sehr nahe bei einander liegen (Option A kann man mit etwas Erfahrung wegstreichen da es sicher zu klein ist).

Visualisierung der Aufgabe

Für die Lösung er Aufgab müssen Sie zunächst den Begriff c***onsecutive integers*** verstehen. Dies bedeutet **aufeinanderfolgende Ganzzahlen**. Also zum Beispiel 1,2,3 oder aber auch 72, 73, 74 und so weiter. Wir können uns die Lösung der Aufgabe wieder mit 10 leeren Boxen **visualisieren**, in denen die gesuchten aber unbekannten Zahlen nachher stehen. Das könnte dann in etwa so aussehen:

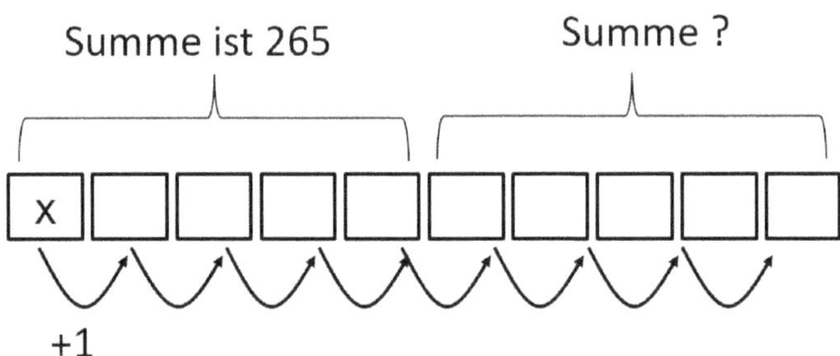

denn „consecutive integers" bedeutet jede folgende Zahl ist exakt um 1 größer

Für die Lösung, gibt es drei Wege, die wir uns nun nacheinander ansehen.

Der algebraische Lösungsweg

Lösungsoption 1 „Algebra"

Aus dem Schaubild lässt sich **folgende Gleichung** für die erste Zahl in der Reihe ableiten (oben mit x gekennzeichnet), die wir leicht umformen können.

$x + (x + 1) + (x + 2) + (x + 3) + (x + 4) = 265$
$5x + 10 = 265 \quad /5$
$x + 2 = 53 \quad -2$
$x = 51$

Wir wissen nun also, dass die **erste Zahl der Reihe 51** ist und können nun die Reihe vervollständigen.

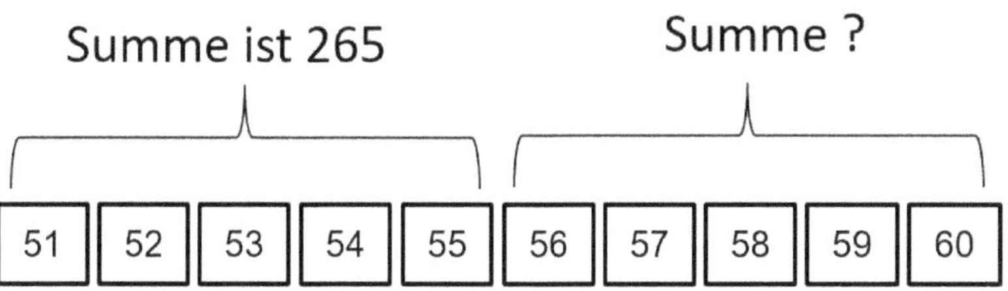

Im nächsten Schritt müssen wir nun die **rechten 5 Zahlen addieren**. 56 + 57 + 58 +59 +60 ergibt 290. **Die Lösung ist somit E**. Dieser Weg gibt einem viel „**gefühlte Sicherheit**", da wir alle Zahlen kennen. Es gibt jedoch auch deutlich schnellere und auch weniger fehleranfällige Lösungsstrategien, die wir uns nun ansehen.

Lösungsoption 2 „Einsetzen"

Lösungsoption Einsetzverfahren

Entscheidend ist, dass wir bei diesem Aufgabentyp **gar nicht die konkreten Zahlen wissen müssen**, sondern uns die **Differenz der Summen** der kleineren 5 Zahlen und der größeren 5 Zahlen ausreicht, um eine Lösung zu finden. Da wir ja wissen, dass die kleineren 5 in **Summe 265** ergeben, reicht uns zu wissen wie viel größer die Summe der größeren 5 ist. Der Abstand der Zahlen ist dabei **immer gleich egal welche Zahlen wir nehmen**, wir können also auch einfach für die erste Zahl eine 1 einsetzen. Das sieht dann wie folgt aus:

Nun gehen wir wie zuvor vor und zählen die größeren 5 Zahlen zusammen. In diesem Fall (wenn wir 1 einsetzen) erhalten wir **40**. **Die Differenz** ist also 40 – 15 also **25**. Die Differenz **ist immer 25, ganz egal welche Zahlen man einsetzt**. Mit dieser Information kann ich nun die Lösung recht einfach bestimmen: **265 + 25 = 290,** also Antwortmöglichkeit E. Da ich nicht mit so großen Zahlen rechnen muss, s**inkt die Fehlergefahr** und es sollte auch etwas schnellen gehen. Es gibt jedoch noch einen deutlich schnelleren Weg, fast ganz ohne rechnen.

Deutlich weniger Rechenarbeit und damit Fehlergefahr

Der schnellste Lösungsweg

Lösungsoption 3 „Die Abkürzung"

Der erste Schritt zur schnellsten Lösung ist wieder der Gedanke, dass **die Differenz der beiden Summen für die Lösung ausreicht**. Um diese zu berechnen muss ich jedoch gar keine Zahlen einsetzen. Egal wie die konkreten Zahlen lauten so bleibt der **„Abstand"** (zum Beispiel auf einem gedachten Zahlenstrahl) doch **immer gleich**. So hat jede Zahl der kleineren 5 Zahlen eine **„Partnerin"** bei den größeren 5 Zahlen, **die immer genau 5 größer ist**.

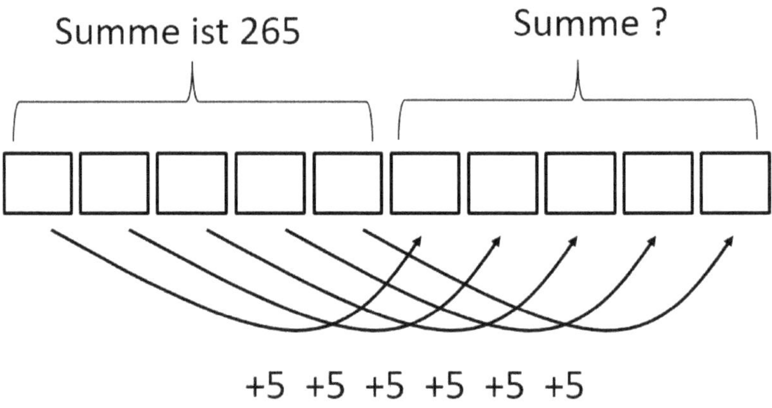

Mit nur einer Rechnung aus dem kleinen 1 x 1 kann die Aufgabe gelöst werden

In Summe ist **die Differenz daher 5 mal 5** (5 Zahlen, die jeweils einen Abstand von 5 haben) **oder 25**. Es bleibt also bei Antwort E.

Widmen wir uns der nächsten schweren Aufgabe. Es bleiben Ihnen wieder 2 Minuten für die Lösung.

Problem Solving
Übungsaufgabe 9
Stufe Schwer

Einstufung: Schwer

In order to create a personal account for a new internet portal, Jane has to define a password for her user account. According to the website regulations this password must consist of four characters, one letter of the alphabet and three different digits between 0 and 9, inclusive. The letter must appear as the second or third character of the password. How many different passwords are possible?

(A) 5,040
(B) 18,720
(C) 26,000
(D) 37,440
(E) 52,000

Auch bei dieser Aufgabe fällt es zunächst schwer den Lösungsraum direkt einzugrenzen (wir werden diese Technik aber dennoch später bei der Aufgabe noch nutzen). Zunächst ist es hilfreich wieder **die Lösungsmöglichkeiten zu visualisieren**. Grundsätzlich könnte das Passwort wie folgt aussehen:

Visualisierung der Aufgabe

Zahl, Buchstabe, Zahl, Zahl

oder

Zahl, Zahl, Buchstabe, Zahl.

Im **nächsten Schritt** überlegen wir uns die jeweils **möglichen Varianten** für jede Position des Passworts. Es gibt **10 Zahlen** zwischen 0 und 9 (nicht 9, was eine häufige Fehlerquelle ist). Das Alphabet hat **26 Buchstaben** (ohne Umlaute, die gibt es ja im Englischen nicht). Diese einzelnen Varianten müssen nun alle **miteinander multipliziert** werden da ein Passwort ja beliebig aus diesen Möglichkeiten kombiniert werden kann. Daher ergibt sich:

Berechnung der Varianten

$10 \cdot 26 \cdot 10 \cdot 10 = 26.000$

und

$10 \cdot 10 \cdot 26 \cdot 10 = 26.000$

Diese beiden Kombinationsmöglichkeiten müssen nun noch **addiert** werden, da ein Passwort ja nur aus **einer der beiden Varianten** bestehen kann (entweder oben oder unten).

Im Text steht *different digits*

Diese Lösung 52.000 ist jedoch falsch, da wir ein kurzes, aber wichtiges Wort überlesen haben: Im Text steht ***different digits***. Das bedeutet, dass jede Zahl **nur einmal im Passwort vorkommen** darf. Bei der ersten Zahl des Passworts habe ich also 10 Zahlen zur Auswahl, habe ich bereits eine verwendet, bleiben nur noch 9 Möglichkeiten für die zweite Zahl und so weiter. Die korrekte Berechnung der Kombinationsmöglichkeiten lautet also:

10 • 26 • 9 • 8

und

10 • 9 • 26 • 8

Anstatt zu rechnen besser den Lösungsraum eingrenzen

So weit so gut, doch wie rechnen wir das nun aus, so ganz **ohne Taschenrechner?** Bevor Sie nun anfangen aufwendige händische Berechnungen durchzuführen, lassen Sie uns nochmal auf die Lösungsmöglichkeiten der Aufgabe schauen. Wir können nun den **Lösungsraum eingrenzen**, denn wir wissen, dass die Lösung kleiner sein muss als 52.000 (da wir ja statt mit 10 nur mit 9 respektive 8 multiplizieren). Da wir 52.000 und 26.000 ausschließen können (das waren ja die falschen Antworten für all diejenigen, die das Wort „different" überlesen hatten), bleibt **nur 37.440 als mögliche Lösung**. Antwortmöglichkeit **D** ist also richtig.

Kommen wir nun zur schwersten Problem Solving Aufgabe, auch hier bleibt es bei 2 Minuten. Los geht's.

Problem Solving Übungsaufgabe 10

Stufe Schwer

Einstufung: schwer

A fair coin is flipped 6 times. What is the probability that head will be the result at least twice, but not more than 5 times?

(A) $\frac{5}{8}$

(B) $\frac{3}{4}$

(C) $\frac{7}{8}$

(D) $\frac{57}{64}$

(E) $\frac{15}{16}$

Bei dieser, zugegeben wirklich sehr schweren, Aufgabe liegen die Lösungen so nahe beieinander, dass es nicht möglich ist den Lösungsraum einzugrenzen. Dennoch sollte Ihnen bei der **Betrachtung der Lösungen** etwas auffallen: Die **Wahrscheinlichkeiten** sind alle recht hoch, sprich **über 50%**. Wenn Sie im Kapitel zum Wahrscheinlichkeitsrechnung gut aufgepasst haben wissen Sie was dies bedeutet. In solchen Fällen es **einfacher mit dem Gegenereignis zu rechnen**. Beginnen wir also die Lösung der Aufgabe damit das Gegenereignis zu definieren. Gefragt ist die Wahrscheinlichkeit, dass die Kopfseite (*head*) bei 6 Münzwürfen mindestens zweimal, nicht aber mehr als 5 Mal kommt. Das heißt, 2 Mal, 3 Mal, 4 Mal oder 5 Mal. Das Gegenereignis ist daher, dass die Kopfseite 1 Mal und 6 Mal kommt. Hier lauert die **erste Fehlerquelle**, denn es gibt noch eine weitere Variante: Die Kopfseite kann auch 0 Mal zu sehen sein, nämlich genau dann, wenn sechs Mal die Zahlseite kommt.

Erinnern Sie sich noch an das Gegenereignis? (Kapitel 4.9)

Es gibt drei Varianten für das Gegenereignis

Nun haben wir also das Gegenereignis definiert:

0 Mal Kopfseite (oder immer Zahlseite)
1 Mal Kopfseite
6 Mal Kopfseite

Im nächsten Schritt müssen wir uns nun an die Formel erinnern, diese lautet:

$$\frac{\text{Anzahl der gesuchten Ereignisse}}{\text{Gesamtanzahl der möglichen Ergebnisse}}$$

Mit dieser Formel lassen sich alle GMAT Aufgaben zur Wahrscheinlichkeit lösen

Lassen Sie uns im Nenner starten. **Wie viele mögliche Ergebnisse** habe ich, wenn ich **sechs Mal eine Münze werfe**? Bei einer Münze ist die Antwort 2 (Kopf oder Zahl), bei zwei habe ich 2 x 2 oder 4 mögliche Ergebnisse und bei sechs Würfen sind es daher $2 \times 2 \times 2 \times 2 \times 2 \times 2 = 2^6$ = **64 mögliche Ergebnisse**.

Machen wir nun mit dem Zähler weiter, hierzu müssen wir die möglichen **Varianten aus unserem Gegenereignis oben addieren**. Es gibt genau eine Möglichkeit 0 Mal die Kopfseite zu haben (nämlich immer Zahlseite), das gleiche gilt für 6 Mal Kopfseite. Doch wie viele Möglichkeiten gibt es einmal die Kopfseite zu werfen bei sechs Münzwürfen? Lassen Sie uns dies kurz visualisieren

Möglichkeiten einmal die Kopfseite zu werfen bei sechs Münzwürfen

Variante 1: ZKKKKK
Variante 2: KZKKKK
Variante 3: KKZKKK
Variante 4: KKKZKK
Variante 5: KKKKZK
Variante 6: KKKKKZ

K = Kopfseite, Z = Zahlseite

Nun kann die Formel befüllt werden

Es gibt also sechs Varianten bei sechs Münzwürfen genau einmal die Kopfseite zu bekommen. Dies Müssen wir nun **addieren**:

1 Variante: Kein Mal Kopf
1 Variante: Sechs Mal Kopf
6 Varianten: Ein Mal Kopf
8 Varianten in Summe

Die Wahrscheinlichkeit für ein Ereignis ist 1- Gegenwahrscheinlichkeit

Unsere Formel ergibt also 8/64. Das ist jedoch das Gegenereignis, nicht die wirklich gesuchte Lösung. Um zu dieser zu kommen müssen wir noch 1 - 8/64 rechnen. Wir rechnen dazu 64/64 – 8 /64 und erhalten **56/64 als Lösung**.

Am Ende das Kürzen nicht vergessen.

Doch diese Lösungsmöglichkeit gibt es leider gar nicht in der Aufgabe. Haben wir uns nun verrechnet? Nein, denn 56/64 kann man kürzen, denn beide Werte (Zähler und Nenner) haben den gemeinsamen Teiler 8. Wenn wir den Bruch kürzen **erhalten wir 7/8** oder **Antwort C**.

Nicht verzagen, das war nun wirklich ein der schwersten GMAT Problem-Solving Fragen die auch nur im Test erscheint, wenn Sie viele Fragen richtig haben und damit schon auf einem sehr guten Weg sind. Sie konnten aber wahrscheinlich auch in diesem Beispiel sehen, dass zwar **der Schwierigkeitsgrad steigt** und damit auch die Anzahl der Fehlerquellen, dass aber **die Grundprinzipien** und damit auch **die Lösungsstrategien immer die gleichen bleiben**. Mit genügend Übung können daher auch solche extremen GMAT Fragen in zwei Minuten gelöst werden. Wir wollen uns nun aber dem zweiten Fragetyp in der GMAT Quant Sektion widmen, den *Data Sufficiency* Fragen.

4.17 Data Sufficiency

Die gute Nachricht ist, dass Sie nun bereits **alle mathematischen Konzepte kennen**, die Sie im GMAT benötigen. Die schlechte Nachricht ist jedoch, dass nur rund die Hälfte der Fragen im Quant-Teil nach dem bisher besprochenen Muster „Was ist die Lösung" gestellt wird. Die andere Hälfte der Fragen sind sogenannte ***Data-Sufficiency* Fragen**. Diese kommen im zufälligen Wechsel mit den bisher besprochenen *Problem Solving* Fragen und sind leicht daran zu erkennen, dass die **fünf Antwortmöglichkeiten immer gleich sind** (dazu gleich mehr): Bei diesen Fragen geht es nicht darum was die Lösung der Aufgabe ist, sondern nur darum zu beantworten, was man zur Lösung der Aufgabe benötigt. Dieser **Aufgabentyp** ist in dieser Form **einmalig** und kommt so nur im GMAT zum Einsatz. Lassen Sie sich daher nicht entmutigen, wenn ihnen die Logik dieses Fragetyps **ungewohnt** vorkommt, so geht es fast allen am Anfang. Data Sufficiency Fragen haben jedoch auch einen **entscheidenden Vorteil**: Da man die Aufgabe nicht rechnen muss, sondern nur ableiten muss, was zur Lösung der Aufgabe notwendig ist kann man **viel Zeit sparen**, die dann wiederum den Problem Solving Aufgaben zugutekommt.

Die Hälfte der Aufgaben im mathematischen Teil sind Data Sufficiency Aufgaben

Data Sufficiency Aufgaben haben immer die gleichen 5 Lösungsmöglichkeiten

4.18 Data Sufficiency: Aufbau der Aufgaben

Der grundsätzliche Aufbau der Data Sufficiency Aufgaben ist immer gleich. Zunächst kommt eine (oft kurze) Frage, beispielsweise:

What is x?

Ein erstes Beispiel auf das wir gleich im nächsten Kapitel nochmal zurückkommen

Darauf folgen immer genau zwei Statements, die mit 1 und 2 gekennzeichnet sind. Beispielsweise:

(1) $x-3 = 2$
(2) $3x^2 = 75$

Darauf folgen die fünf immer gleichen Antwortmöglichkeiten in der immer gleichen Reihenfolge. Auch dies bietet eine große Chance **Zeit zu sparen**, denn es lohnt sich natürlich diese **auswendig zu lernen**, dann müssen Sie diese im echten Test bei keiner der Fragen lesen. Hier die fünf originalen Antwortmöglichkeiten.

Die Antwortoptionen im Original

A) Statement (1) ALONE is sufficient, but statement (2) alone is not sufficient

B) Statement (2) ALONE is sufficient, but statement (1) alone is not sufficient

C) BOTH statements TOGETHER are sufficient, but NEITHER statement ALONE is sufficient

D) EACH statement ALONE is sufficient

E) Statements (1) and (2) TOGETHER are NOT sufficient

Im GMAT haben die Antwortmöglichkeiten natürlich keine **Buchstaben** (A-E), diese nutzen wir hier im Buch um **eindeutig auf Antwortoptionen verweisen** zu können. Hier nochmal dieselben Antwortmöglichkeiten auf Deutsch und etwas vereinfacht.

Die Antwortoptionen auf Deutsch

A) Statement 1 alleine reicht aus die Frage zu beantworten

B) Statement 2 alleine reicht aus die Frage zu beantworten

C) Nur mit beiden Statements zusammen lässt sich die Frage zu beantworten

D) Jedes der beiden Statements für sich genommen reicht aus die Frage zu beantworten

E) Weder einzeln noch zusammen reichen die Statements aus die Frage zu beantworten.

4.19 Data Sufficiency: Grundsätzliche Lösungsstrategie

Ein festes Vorgehen bei Data Sufficiency Fragen hilft Fehler zu vermeiden

Eine Data Sufficiency Aufgabe besteht immer aus **einer Frage** und **zwei Statements**. Zunächst sollten Sie jedoch nur das erst Statement ansehen, sonst kann es im Eifer des GMATs schnell dazu kommen, dass man die Informationen des zweiten Statements auch als gegeben annimmt.

Hierfür gibt es ein festes Vorgehen:

1. Lesen Sie **die Frage und das erste Statement** und decken Sie dabei Statement 2 ab (mit etwas Übung kann man dieses auch gedanklich ignorieren, geht aber das Risiko ein, dieses unbewusst zu lesen)
2. Wenn das **erste Statement** zur Beantwortung der Frage **ausreicht**, kann nur noch **A** oder **D** richtig sein; wenn nicht, muss die Antwort **B, C oder E** lauten
3. Decken Sie nun Statement 1 ab und schauen Sie, ob **Statement 2** ausreicht, um die Frage zu beantworten.

Das Vorgehen bei Data Sufficiency Fragen: A,D oder B,C,E

Damit es nicht so abstrakt bleibt besprechen wir nun die Lösung von Data Sufficiency Aufgaben am **vorigen Beispiel**. Gefragt ist hier „Was ist x?", dies kann ich natürlich ohne weitere Informationen **nicht beantworten**. Wir schauen uns nun **Statement 1** an und ignorieren Statement 2. Hier steht „(1) x-3 = 2". Hilft uns das die Frage zu beantworten? Ja, das tut es, denn mit einer einfachen Umformung (+3) ergibt sich **x = 5**. Wir wissen nun also was x ist und können daher, ohne das zweite Statement überhaupt angesehen zu haben, die Lösungsmöglichkeiten auf **A** oder **D** eingrenzen (siehe Vorgehen oben). Die **konkrete Antwort (5) spielt hierbei natürlich gar keine Rolle**, wir hätten uns also auch die Berechnung sparen können. Entscheidend ist, dass eine Gleichung mit nur einer Unbekannten (hier x) immer Lösbar ist indem man die Gleichung nach dieser Unbekannten umstellt.

Das eigentliche Ergebnis der Aufgabe spielt für die Lösung keine Rolle

Betrachten wir nun **Statement 2**. Dabei sollten wir bewusst alles vergessen, was in Statement 1 steht, denn wir wollen nur die Information aus Statement 1 betrachten. An dieser Stelle nochmal der Hinweis: Wenn Statement 1 ausreichend ist die Frage zu beantworten, dann scheidet Lösungsmöglichkeit C („Ich benötige beide Statements") immer aus. Dies ist bereits in den Regeln oben enthalten und daher haben wir ja jetzt **nur noch die Auswahl** zwischen **A** und **D**. Die Frage ist also nun nur noch ob Statement 2 ebenfalls eine Lösung ermöglicht (dann wäre D richtig) oder ob es dies nicht tut und wir somit nur die Lösungsmöglichkeit A haben. Betrachten wir nun das Statement 2, dieses sagt uns „$3x^2 = 75$". Auf den ersten Blick könnte man denken die Situation ist ähnlich wie bei Statement 1. Wir haben auch hier eine Gleichung mit einer Unbekannten und auch hier liefert **x=5 eine mögliche Lösung**. Hierbei gibt es jedoch einen wichtigen Unterschied: Denn bei der Gleichung handelt es sich um eine **quadratische Gleichung** und diese haben (zumindest im GMAT) **fast immer zwei mögliche Lösungen**. In diesem Fall gibt es auch eine **zweite mögliche Lösung** nämlich **x=-5**. Entscheidend für die Lösung von Data Sufficiency Aufgaben ist es zu verstehen, dass immer nach einer **eindeutigen**, also genau einer,

Statement 2 versucht uns aufs Glatteis zu führen

Lösung gefragt ist. Statement 2 liefert uns in diesem Sinne **keine Eindeutige Lösung**, denn x könnte 5 sein, könnte aber auch -5 sein. Es bleibt daher bei Statement 1 und somit bei **Lösungsmöglichkeit A** bei dieser Aufgabe.

Sie brauchen Data Sufficiency Aufgaben nicht ausrechnen und sollten das auch nicht tun

Wenn Sie sich nun den Kopf zerbrechen wie man quadratische Gleichungen löst, dann **keine Sorge**: Für Data Sufficiency Aufgaben ist es vollkommen ausreichend zu wissen, dass quadratische Gleichungen zwei Lösungen haben. Welche das sind müssen Sie natürlich **nicht ausrechnen** und das sollten Sie auch nicht, denn dies Zeit sollten Sie lieber bei Problem Solving Aufgaben einsetzen, bei denen Sie für die richtige Lösung auch „belohnt" werden. Schauen wir uns nun wieder ein **paar Übungsaufgaben** an. Wir beginnen wieder mit den leichten Aufgaben und arbeiten und Schritt-für-Schritt zu den schweren Aufgaben vor.

4.20 Data Sufficiency: Übungsaufgaben und Lösungsstrategien Level leicht

Bisher haben wir für alle Aufgaben im quantitativen Abschnitt des GMAT mit knapp 2 Minuten pro Aufgabe kalkuliert. Dies gilt zwar auch für die folgenden Data Sufficiency Aufgaben, jedoch sind diese, wie besprochen, oft schneller zu lösen, da Sie ja in den meisten Fällen gar nichts rechnen müssen. Es ist daher **empfehlenswert zu versuchen**, die **Beantwortungszeit** für diesen Aufgabentyp **etwas zu reduzieren**, um somit mehr Zeit für die Problem Solving Aufgaben zu haben. Versuchen Sie daher doch einmal die folgenden Aufgaben in **1:30 Minuten** zu lösen. Los geht es.

Data Sufficiency Übungsaufgabe 1 Stufe: Leicht

Einstufung: leicht

In 2012, did Company A have more than twice the number of employees than Company B?

(1) In 2012, Company A had 11,500 more employees than did Company B

(2) In 2012, the 3,000 employees with advanced degrees at Company A made up 12.5% of that company's total number of employees, and the 2,500 employees with advanced degrees at Company B made up 20% of that Company's total number of employees.

(A) the first Statement ALONE answers the question
(B) the second Statement ALONE answers the question
(C) You need both statements TOGETHER to answer the question
(D) Both statements SEPERATELY answer the question
(E) NEITHER statement separately or together answer the question

Wir nutzen zur Lösung dieser Aufgabe natürlich unsere **A, D** oder **B, C, E Strategie**, die wir zuvor besprochen haben. Dazu betrachten wir zunächst **nur Statement 1**. Die Frage ist, ob Firma A doppelt so viele Mitarbeiter hat wie Firma B. Die Antwort auf diese Frage könnte ja sein, oder nein. Eine solche **Ja / Nein Frage** ist bei Data Sufficiency recht häufig; mehr als die Hälfte aller Fragen sind so gestellt. Ob die Antwort ja oder nein ist interessiert uns dabei gar nicht. Entscheidend ist nur ob wir mit Hilfe der Informationen in den Statements eine **eindeutige** Antwort geben können (es also sicher ja oder nein ist).

Ja / Nein Fragen sind der häufigste Fragentyp bei Data Sufficiency

Schauen wir uns nun **Statement 1** an. Hier steht, dass Firma A 11.500 Mitarbeiter mehr hat als Firma B. Intuitiv könnte man daraus schließen, dass dies hilft die Frage zu beantworten, da Firma A ja wirklich deutlich mehr Mitarbeiter hat. Aber können wir damit die Frage wirklich **eindeutig beantworten**? Lassen Sie uns zwei **einfache Zahlenbeispiele** machen:

Wenn Sie unsicher sind versuchen Sie es mit „Pluggin-In" also einem Beispiel mit Fiktiven Zahlen

Nehmen wir an Firma B hat 1.000 Mitarbeiter und Firma A hat dann 1.000 + 11.500 = 12.500 Mitarbeiter. In diesem Fall, wäre die Antwort klar **ja.** Aber nehmen wir an Firma B hat 100.000 Mitarbeiter, dann hätte Firma A 111.500 Mitarbeiter. In diesem Fall wäre die Antwort **nein,** Firma A hat nicht doppelt so viele Mitarbeiter wie Firma B.

Wir können mit der Information aus Statement 1 also k**eine eindeutige Antwort** geben und haben jetzt also noch drei mögliche Lösungen **B, C** und **E.**

Nun betrachten wir **Statement 2**. Dieses Statement gibt uns zum einen den Anteil der Mitarbeiter mit einem weiterführenden Abschluss *(advance degree*) und jeweils die Absolut Anzahl dieser Mitarbeitergruppe. Hilft uns dies eine eindeutige Lösung zu finden? Ja, das tut es, denn wir könnten in beiden Fällen über einen **Dreisatz** die **Gesamtanzahl der Mitarbeiter der Firma ausrechnen**. Wenn wir wissen wie viele Mitarbeiter beide Firmen haben, können wir die Frage ob die eine Firma doppelt so groß ist wie die andere eindeutig beantworten. Die Antwort ist also **B.**

Auch hier sollten Sie wissen was ein Dreisatz ist, berechnen müssen Sie ihn jedoch nicht

Eigentlich sind wir an dieser Stelle fertig und im GMAT s**ollten sie auch nicht weiterrechnen** um Zeit zu sparen. Falls es Sie dennoch brennend interessiert ob die Firma A nun doppelt so viele Mitarbeiter hat wie die Firma B hier noch die Auflösung. Wenn in Firma A 3.000 Mitarbeiter 12,5% entsprechen, dann entsprechen 100% genau 8-mal so vielen (100 / 12,5 = 8), das bedeutet **Firma A hat 24.000 Mitarbeiter**. Bei

Firma B entsprechen 2.500 Mitarbeiter 20% der Belegschaft. Daher hat Firma B **5-mal so viele** Mitarbeiter (2.500 x 5 = 12.500). Die Antwort ist also tatsächlich **nein, Firma A hat nicht (ganz) doppelt so viele Mitarbeiter wie Firma B.**

Data Sufficiency
Übungsaufgabe 2
Stufe: Leicht

Einstufung: leicht

Is the arithmetic mean of variables a, b and c equal to 8?

(1) Six times the sum of a, b and c is equal to 144

(2) The sum of 3a, 3b and 3c is equal to 72

(A) the first Statement ALONE answers the question
(B) the second Statement ALONE answers the question
(C) You need both statements TOGETHER to answer the question
(D) Both statements SEPERATELY answer the question
(E) NEITHER statement separately or together answer the question

Was wird für eine eindeutige Antwort benötigt?

Auch diese Aufgabe ist wieder eine **ja/nein Aufgabe** bei der wir wieder das A, D oder B, C, E Verfahren anwenden. Die Frage hier is, ob der Durchschnitt von drei unbekannten Zahlen a, b und c gleich 8 ist. Zunächst ist es natürlich sinnvoll zu überlegen **welche Informationen benötigt werden** um hier eine eindeutige Antwort zu geben. Um den Durchschnitt zu berechnen wird die **Summe der Werte** benötigt und die **Anzahl der Werte** (siehe Formel für den Durchschnitt im Kapitel 4.8 *Kennwerte*). Die Anzahl der Werte steht bereits fest (a, b und c also 3). Daher können wir sicher sagen ob der Durchschnitt 8 ist, wenn wir die Summe der Werte a, b und c wissen.

Nun schauen wir uns **Statement 1** an, dieses gibt uns die Gleichung 6(a + b + c) = 144. Diese können wir **leicht umformen** in dem wir beide Seiten **durch 6 teilen** und erhalten so einen Wert für a + b + c. Was dieser Wert ist und ob damit die Frage mit ja oder nein beantwortet wird müssen wir nicht wissen, entscheidend ist, dass wir mit der Information aus **Statement 1 eine eindeutige Antwort geben können**.

Es bleiben also nur noch die Lösungsmöglichkeiten **A** oder **D**. Nun schauen wir uns **Statement 2** an, auch dieses gibt uns eine Gleichung: 3a + 3b + 3c = 72. Auch diese können wir **leicht umformen** in dem wir beide Seiten **durch 3 teilen** und erhalten einen Wert für a + b +c. Das bedeutet, dass wir auch mit **Statement 2 eine eindeutige Antwort** geben können und daher ist die korrekte Lösung bei dieser Aufgabe **D** (beide Statements liefern eine eindeutige Lösung).

Für die, die es wieder ganz genau wissen wollen schauen wir uns natürlich noch kurz die Antwort auf die ursprüngliche Frage an. Statement 1 liefert uns 144 / 6 also ist die **Summe von a, b und c gleich 24**. Wenn ich nun den Durchschnitt ausrechnen möchte muss ich noch durch die Anzahl der Werte, also durch 3, teilen. Das Ergebnis ist **8** und damit ist die Antwort in diesem Fall ***ja***. Statement 2 liefert uns 72 /3 also **ebenfalls 24** für die Summe und damit die gleiche Antwort („ja"). Im GMAT ist es übrigens immer so, dass wenn beide Statements eine Antwort liefern, dann ist dies auch immer die gleiche Antwort.

Wenn beide Statements eine Lösung liefern, ist es auch die gleiche Lösung

Einstufung: leicht

A bicycle race will be held on a Sunday. How many different arrangements of medal winners are possible?

(1) Medals will be given for 1st, 2nd and 3rd place

(2) There are 10 bicycle riders in the race

(A) the first Statement ALONE answers the question
(B) the second Statement ALONE answers the question
(C) You need both statements TOGETHER to answer the question
(D) Both statements SEPERATELY answer the question
(E) NEITHER statement separately or together answer the question

Data Sufficiency Übungsaufgabe 3
Stufe: Leicht

Diese Aufgabe sollten Sie **sehr schnell lösen können**, zumindest, wenn Sie das Kapitel Kombinatorik (*Kapitel 4.10*) aufmerksam gelesen haben. Gefragt ist die Anzahl der **Medaillengewinner-Kombinationen**. Hierfür benötigen wir genau **zwei Informationen**: Die **Anzahl der Medaillen** und die **Anzahl der Teilnehmer**. In der Lösungsstrategie sind das die Anzahl der leeren Felder und die Zahl, die in das erste Feld kommt.

Was benötigen wir um eine eindeutige Lösung zu finden?

Nun betrachten wir wieder erstmal das **Statement 1**, dieses gibt uns die **Anzahl der Medaillen**. Solange wir jedoch nicht wissen wie viele Teilnehmer das Rennen hatte, können wir keine eindeutige Antwort geben. Es bleibt bei **B, C** oder **E**. **Statement 2** gibt uns die **Anzahl der Teilnehmer**. Spontan ist man geneigt zu sagen, dass nun genug Informationen für die Lösung vorliegen. **Aber Vorsicht**: Das es 3 Medaillen gibt, steht in Statement 1 und nicht im oberen Text. Auch wenn es bei Olympia immer genau 3 Medaillen gibt, so können wir natürlich nicht davon ausgehen, dass es in diesem Fahrradrennen auch so ist. Daher scheidet auch B aus und es bleiben **C** oder **E**. Lege ich **beide Statements zusammen**, so habe ich genügend Informationen um die Frage eindeutig zu beantworten, die richtig Lösung ist daher **C**.

Für Neugierige hier wieder kurz die Berechnung der Lösung, die natürlich gar nicht gefragt ist

Auch wenn wir die konkrete Lösung der Aufgabe hier zur Beantwortung nicht benötigen, hier wieder **kurz der Lösungsweg**. Wir haben 3 Medaillen zu vergeben und 10 Teilnehmer. Wir können also die erste Medaille an 10 Teilnehmer vergeben, wenn wir diese vergeben haben, dann bleiben 9 Teilnehmer, unter denen ich die zweite Medaille verteilen kann und dann noch 8 für die dritte Medaille. Es gibt also 10 • 9 •8 = **720 Möglichkeiten** 3 Medaillen an 10 Teilnehmer zu verteilen. Da die Reiherfolge hier eine Rolle spielt (Es gibt unterschiedliche Medaillen für den ersten, zweiten und dritten Platz, siehe Statement 1) benötigen wir keine weitere Korrektur.

Kommen wir nun schon zum nächsten Schwierigkeitslevel bei Data Sufficiency Aufgaben. Los geht's.

4.21 Data Sufficiency: Übungsaufgaben und Lösungsstrategien Level mittel

Data Sufficiency Übungsaufgabe 4 Stufe: Medium

Einstufung: mittel

A telephone station has x processors, each of which can process a maximum of y calls at any particular time, where x and y are positive integers. If 500 calls are sent to the station at a particular time, can the station process all of the calls?

(1) $x = 600$
(2) $100 < y < 200$

(A) the first Statement ALONE answers the question
(B) the second Statement ALONE answers the question
(C) You need both statements TOGETHER to answer the question
(D) Both statements SEPERATELY answer the question
(E) NEITHER statement separately or together answer the question

Auch diese Aufgabe ist wieder eine **ja/nein Aufgabe** bei der wir wieder das inzwischen bekannte **A, D** oder **B, C, E** Verfahren anwenden. Die Frage hier ist, ob die Telefonstation 500 Anrufe bewältigen kann. Die Anzahl der Anrufe, die die Station bewältigen kann hängt dabei von den **Variablen x** und **y** ab.

Vereinfachen wir also die Aufgabe wie folgt:

Vereinfachung der Aufgabe

$x \cdot y \geq 500$?

Nun sieht man sehr schnell, dass wir für die Beantwortung **Informationen über x und y** benötigen. Schauen wir uns nun **Statement 1** an. Dieses sagt uns nur, dass **x = 600** ist. Auf den ersten Blich würden wir also sagen, dass dies nicht ausreichend ist um eine eindeutige Antwort zu geben. **Doch Moment!** Im Text steht auch noch, dass beide Werte, also **x und y jeweils ganze, positive Werte** sind. Der kleinste ganze, positive Wert ist **1**. Wir wissen also auch etwas über **y**, denn dieser Wert muss **mindestens 1** sein. Daher ergibt Statement 1 einen Wert von **mindestens 600** und damit lässt sich die Frage **eindeutig mit „ja" beantworten**. Wir haben also noch die möglichen Lösungen **A** oder **D**.

Der Teufel steckt bei dieser Aufgabe im Detail (bzw. im Wort *positive integer*)

Statement 2 gibt uns die Information, dass y zwischen 100 und 200 ist. Wenn wir nun noch wissen, dass x mindestens 1 ist, ergibt sich eine Lösung von **mindestens 100**. Die Antwort könnte also „nein" sein, je nachdem wie groß der Wert x ist, könnte die Antwort jedoch auch „ja" sein (Also ein Wert über 500 resultieren). Wir können also mit Statement 2 **keine eindeutige Antwort geben**.

Es bleibt daher nur die **Lösung A**. Wenn Sie bei dieser Aufgabe auf C getippt haben, dann nicht verzweifeln. Immerhin haben Sie das Grundprinzip des Aufgabentyps verstanden und mit etwas Übung werden Sie auch die versteckten „Gemeinheiten" des GMAT entlarven können. Lassen Sie uns mit der nächsten Aufgabe weitermachen.

Data Sufficiency Übungsaufgabe 5
Stufe: Medium

Einstufung: mittel

The arithmetic mean of integers a, b, c, d and e is 60. Are exactly two of the integers greater than 60?

(1) Three of the integers are less than 50.

(2) None of the integers is equal to 60.

(A) the first Statement ALONE answers the question
(B) the second Statement ALONE answers the question
(C) You need both statements TOGETHER to answer the question
(D) Both statements SEPERATELY answer the question
(E) NEITHER statement separately or together answer the question

Auch dies ist wieder eine ja / nein Aufgabe. Natürlich geht es auch hier wieder nicht darum was die Lösung ist, sondern nur darum, **was wir benötigen um eine eindeutige Lösung** zu finden. Die Aufgabe sagt uns, dass der **Mittelwert** der fünf **Variablen a - e** bei **60** liegt. Gefragt ist nun welche Information uns dabei hilft eindeutig zu sagen ob zwei davon größer als 60 sind.

Betrachten wir nun wieder zunächst **Statement 1**. Dieses sagt uns, dass genau **drei der Variablen kleiner als 50** sind. Im ersten Moment könnte man auch hier vermuten, dass dann die übrigen zwei Variablen größer als 60 sein müssen um noch im Mittel (über alle 5) auf 60 zu kommen. Schauen wir uns das grafisch an.

Auch hier hilft eine kleine Visualisierung weiter

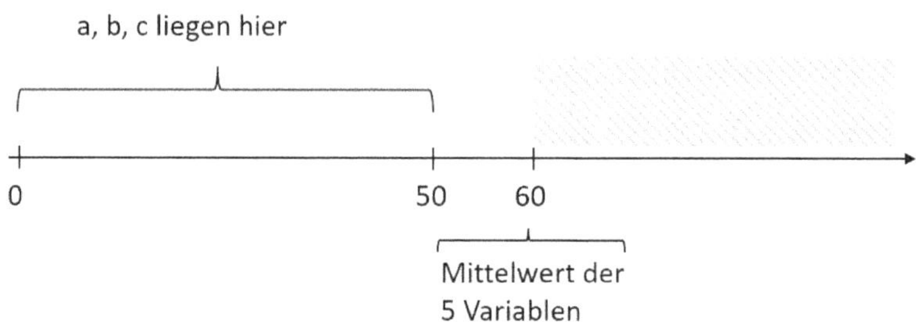

Die Frage ist nun, ob wir sicher sagen können, dass die zwei übrigen Variablen **d und e im grau schraffierten Bereich liegen**. Dies ist zwar sehr wahrscheinlich, aber nicht die einzig denkbare Lösung. Es könnte auch sein, dass eine der beiden Variablen zwischen 50 und 60 liegt und die übrige so viel größer ist, dass dennoch, der Mittelwert bei 60 liegt. Kurz gesagt können wir mit dieser Information k**eine eindeutige Antwort geben** und sind daher bei den Lösungsmöglichkeiten B, C oder E.

Da wir uns nicht sicher sein können fällt A und D weg

Hierzu passt sehr gut der folgende Statistiker-Witz: Kommt Bill Gates in eine Bar sind im Durchschnitt auf einmal alle Millionäre. Beim Mittelwert reicht nur ein einziger „Ausreiser", wie Bill Gates mit seinem großen Vermögen, um den Wert stark zu beeinflussen.

Nun betrachten wir **Statement 2**, dieses Sagt uns, dass kein Wert genau 60 ist. Nach den Vorüberlegungen die wir bisher gemacht haben wird schnell klar, dass uns das **auch nicht hilft eine eindeutige Antwort zu geben**. Nun haben wir noch C und E als mögliche Lösungen. Wenn wir beide Statements zusammen betrachten, dann ändert sich obiges Bild nur insofern, als kein Wert exakt bei 60 liegen kann.

Es kann jedoch weiterhin ein Wert zwischen 50 und 60 liegen und daher können wir auch mit **beiden Statements zusammen keine eindeutige Antwort geben**. Die korrekte Antwort ist hier also **E**. Haben Sie dabei **keine Angst vor Antwortmöglichkeit E**, denn diese ist genauso häufig richtig wie die vier anderen Lösungen (also rein statistisch gesehen bei jeder fünften Frage). Kommen wir nun zu den wirklich schweren Data Sufficiency Aufgaben, also Aufgaben, die Sie im Test nur zu sehen bekommen, wenn Sie eine Punktzahl von üben 650 erklimmen.

Keine Angst vor Antwort E

4.22 Data Sufficiency: Übungsaufgaben und Lösungsstrategien Level schwer

Einstufung: schwer

A corporation awarded bonuses in the amount of either $7,000 or $10,000 to some employees. The total amount of all such bonus payments was $2,300,000. Did the corporation award more $7,000 bonuses than $10,000 bonuses to its empoyees?

(1) A total of 275 employees received bonuses in one of the two amounts
(2) The amount of money payed in $10.000 bonuses was $200.000 more than the amount payed in $7.000 bonuses.

(A) the first Statement ALONE answers the question
(B) the second Statement ALONE answers the question
(C) You need both statements TOGETHER to answer the question
(D) Both statements SEPERATELY answer the question
(E) NEITHER statement separately or together answer the question

Data Sufficiency Übungsaufgabe 6 Stufe: Schwer

Bei dieser Aufgabe **schrecken zunächst die sehr großen Beträge ab**, lassen Sie uns daher die Aufgabe **vereinfachen** in dem wir alle Beträge um drei Nullen kürzen. Dadurch verliert die Aufgabe schon etwas von ihrem Schrecken.

Vereinfacht könnten wir z.B. sagen wir haben Personen die 7 und Personen, die 10 Äpfel bekommen (oder Birnen oder Dollar, das spielt keine Rolle) und in Summe haben wir 2.300 Äpfel.

Vereinfachung der Aufgabe

Es handelt sich auch hierbei wieder um eine **ja / nein Frage** und gefragt ist ob wir sicher sagen können, dass es **mehr Personen gibt, die 7 Äpfel bekommen haben als Personen, die 10 Äpfel bekommen haben**.

Um diese Aufgabe zu lösen brauchen wir zunächst die Erkenntnis, dass wir eine Gleichung haben mit **zwei Unbekannten**. Dies lautet:

$7x + 10y = 2.300$

2 Gleichungen mit den gleichen zwei Unbekannten lassen sich lösen

Um eine solche Gleichung zu lösen brauchen wir eine w**eitere Gleichung mit denselben zwei Unbekannten**. Nun schauen wir uns die Statements an. **Statement 1** sagt uns, dass in Summe 275 Mitarbeiter Boni (oder in unserem Fall Äpfel) bekommen haben. Ist das nun hilfreich? Ja, das ist es denn damit können wir eine weitere Gleichung mit denselben zwei Unbekannten aufstellen. Diese lautet:

$x + y = 275$

Wir könnten also nun die eine Gleichung in die andere einsetzen oder die Gleichungen addieren bzw. subtrahieren um eine Lösung zu finden. **Statement 1 ist also ausreichend** und wir haben nur noch zwei mögliche Lösungen **A** oder **D**.

Betrachten wir nun **Statement 2**. Gibt uns auch dieses eine weitere Gleichung mit den beiden Variablen x und y? Ja, denn dieses lässt sich auch schreiben als:

$10y = 7x + 200$

Ohne rechnen lassen sich auch solche Aufgaben in 1:30 lösen

Daher liefert uns auch Statement 2 eine Lösung und die **richtige Antwortmöglichkeit bei dieser Aufgabe lautet D**.

Im GMAT sollten Sie an dieser Stelle zur nächsten Aufgabe gehen aber für alle, die auf die Lösung gespannt sind, wollen wir diese noch kurz berechnen. Wenn wir Statement 2 nutzen und die beiden Gleichungen subtrahieren kommen wir am schnellsten auf eine Lösung:

$$
\begin{array}{rll}
7x + 10y &= 2.300 & \\
\underline{\quad 10y} &\underline{= 7x + 200} & \underline{(-)} \\
7x &= 2100 - 7x &
\end{array}
$$

$$14\,x = 2100$$
$$x = 150$$

Dies können wir nun noch in die ursprüngliche Gleichung einsetzen um einen Wert für y zu erhalten:

$$7 \cdot 150 = + 10y = 2.300$$
$$10y = 1250$$
$$y = 125$$

Damit ist die **Antwort ja**, es gab mehr Boni mit 7 als mit 10 Äpfel. Kommen wir nun zur nächsten und auch schon letzten Mathematik-Aufgabe.

Data Sufficiency
Übungsaufgabe 7
Stufe: Schwer

Einstufung: mittel

An automobile dealership sells cars with diesel or petrol engines. It sells only two colors: red and blue. Last year, the dealership sold 9000 vehicles, half of which were red. How many petrol cars did the dealership sell last year?

(1) The dealership sold three times as many blue petrol cars as red diesel cars last year.

(2) The dealership sold half as many blue diesel cars as blue petrol cars last year

(A) the first Statement ALONE answers the question
(B) the second Statement ALONE answers the question
(C) You need both statements TOGETHER to answer the question
(D) Both statements SEPERATELY answer the question
(E) NEITHER statement separately or together answer the question

Bei dieser Aufgabe ist nach einer **konkreten Zahl** gefragt, nämlich nach der Anzahl der „petrol cars", also der Fahrzeuge mit Benzin Motor. Der Händler verkauft daneben noch Autos mit Diesel-Antrieb und diese jeweils in den Farben rot und blau.

Auch hier hilft eine Visualisierung

Damit ergeben sich vier Fahrzeugtypen, die Verkauft werden wie die folgende Darstellung zeigt.

		Farbe		
		rot	blau	
Motor	Benzin			
	Diesel			
		4.500		9.000

Die gegebenen Informationen sollten wir berücksichtigen

Grundsätzlich ist es bei **zwei Merkmalen die kombiniert auftreten sinnvoll eine solche Matrix kurz aufzuzeichnen.** Aus dem Text erhalten wir noch die weiteren Informationen, dass die **Summe** der verkauften Autos **9.000** beträgt und die Hälfte davon rot war. Dadurch ist auch schon festgelegt, dass die andere Hälfte blau ist (da es ja nur diese beiden Farben gibt).

Nun betrachten wir **Statement 1**. Dieses sagt uns, dass der Händler dreimal so viele blaue Benzin-Autos verkauft hat, wie rote Diesel-Autos. In unserer Matrix sieht das nun so aus.

Reicht noch nicht für eine Lösung

		Farbe		
		rot	blau	
Motor	Benzin		3x	
	Diesel	x		
		4.500	4.500	9.000

Können wir damit die Frage beantworten, wie viele Benzinfahrzeuge verkauft wurden? **Nein**, denn um dies zu berechnen (obere Zeile in der Matrix) **fehlen uns noch Informationen**. Es bleiben **Lösung B, C** oder **E**.

Betrachten wir nun **Statement 2**. Dieses sagt uns, dass halb so viele blaue Diesel-Fahrzeuge verkauft wurden wie blaue Benzin-Fahrzeuge. Einfacher ausgedrückt könnte man auch sagen, dass in der Spalte „blau" die **obere Zelle doppelt so groß ist wie die untere**. Da wir wissen, dass die Spalte „blau" in Summe 4.500 ist, können wir nun die beiden Werte dieser Spalte berechnen. Dies sind oben 3.000 (4.500 • 2/3) sowie unten 1.500 (4.500 • 1/3). Doch können wir nun die Frage beantworten? Lassen Sie uns dazu nochmal auf die Matrix schauen.

Farbe

		rot	blau	
Motor	Benzin		3.000	?
	Diesel		1.500	
		4.500	4.500	9.000

Es reicht immer noch nicht für eine Lösung

Hier sieht mal schnell, dass auch das uns der Lösung nicht näherbringt (hier ist das gesuchte Feld nochmal mit einem Fragezeichen gekennzeichnet). Bleibt also nur noch die **Lösung C** oder **E**.

Betrachten wir nun **beide Statements in Kombination** (Statement 1 in kursiv). Wenn wir auch dies wieder in der Matrix betrachten sieht man schnell, dass wir nun mehr ausrechnen können, aber ob dies wohl reicht um eine eindeutige Lösung zu finden?

Farbe

		rot	blau	
Motor	Benzin		*3x* 3.000	?
	Diesel	*x*	1.500	
		4.500	4.500	9.000

Kombiniert sieht es besser aus

Wir können nun auch die **Anzahl der roten Diesel-Fahrzeuge berechnen**. Wenn diese ein Drittel der roten Benzin-Fahrzeuge ist dann sind das genau 1.000. Wenn wir nun wissen, dass es 1.000 rote Benzin-Fahrzeuge gibt und in Summ 4.500 rote Fahrzeuge verkauft wurden, dann ist auch die **Anzahl der roten Benzin-Fahrzeuge berechenbar**: 4.500 – 3.000 = 1.500. Damit können wir nun die **Anzahl der Benzin-Fahrzeuge berechnen**: 1.500 + 3.000 = 4.500. Diese genaue Antwort ist aber natürlich wieder gar nicht notwendig. **Die Antwort ist C**; mit beiden Statements zusammen können wir die Frage eindeutig beantworten.

Nun haben Sie es geschafft! Wie Sie hoffentlich gesehen haben sind **auch die schwersten GMAT Mathematik-Aufgaben lösbar**, wenn man die richtige Technik kennt und genügend Übung hat. Wir machen nun weiter mit dem zweiten Teil des GMAT, der Verbal Sektion.

5 Verbal Sektion

Nun kommen wir zum sprachlichen Teil des GMAT, der Verbal Sektion. Auf den ersten Blick würde man vermuten, dass es dabei darum geht, die Sprachkenntnisse im Englischen zu prüfen. Doch das nicht der Fall. Anders als zum Beispiel der TOEFL oder der TOEIC hat der GMAT **nicht den Anspruch ein Sprachtest** zu sein. Sicherlich ist es äußerst hilfreich für diesen Teil des Tests mit der englischen Sprache vertraut zu sein. Gleichzeitig ist es aber im Rahmen der zunehmenden Internationalisierung des Tests auch **erklärtes Ziel des GMAT nicht-muttersprachler nicht zu benachteiligen** und andersherum Muttersprachlern keinen zu großen Wettbewerbsvorteil zu geben. Daraus ergeben sich einige **interessante Strategien**, die wir in den folgenden Kapiteln vertiefen werden.

Der GMAT ist kein Sprachtest

Grundsätzlich lohnt es sich aber in jedem Fall während der Vorbereitungszeit **verstärkt Publikationen auf Englisch zu lesen**. Besonders geeignet sind hierbei Magazine wie *The Economist* oder auch *Times*, da die Artikel den Textpassagen im GMAT sehr ähneln.

Leseverständnis im Alltag zu trainieren ist dennoch hilfreich

Im verbalen Teil des GMAT gibt es **drei sehr unterschiedliche Fragetypen**: Sentence Correction, Reading Comprehension und Critical Reasoning. Die 36 Fragen in der Verbal-Sektion kommen bunt gemischt aus diesen drei Kategorien, in Summe also **jeweils ca. 12 Fragen**. Eine Ausnahme sind Reading Comprehension Fragen, hier kommen jeweils 3-5 Fragen direkt hintereinander zu einem gegebenen Text (mehr dazu später). Lassen Sie uns nun die Fragetypen im Detail betrachten.

5.1 Sentence Correction

Bei Sentence Correction Aufgaben geht es darum, **grammatikalische Fehler** in englischen Sätzen zu finden und zu korrigieren. Hierbei sehen Sie einen kurzen Absatz (Meist 2-3 Sätze), bei dem e**in Teil unterstrichen** ist. Dieser unterstrichene Teil wird Ihnen in **vier weiteren Varianten** angeboten. Hierbei ist die oberste Antwortoption (A) immer nochmal der Originalsatz und die Antwortoptionen B-E sind die weiteren Varianten. Wenn Sie also der Meinung sind, dass der Satz **so richtig ist**, wie er dasteht, dann wählen Sie **Antwort A**, jedoch können Sie beim Lesen der Antwortmöglichkeiten diese Antwortoption immer überspringen (da es ja nochmal der gleiche Text ist).

Antwortoption A ist immer redundant

Das klingt zunächst danach, dass bei Sentence Correction Muttersprachlern einen ganz klaren Vorteil haben. Doch da der GMAT, wie schon angesprochen, kein Sprachtest ist, haben **Muttersprachler hier**

Auch Muttersprachler haben es bei Sentence Correction nicht leicht

in der Tat keinen so großen Vorteil wie man zunächst annehmen würde. Der Grund dafür ist, dass bei diesem Fragetyp im Besonderen grammatikalische Regeln abgefragt werden, **die oft umgangssprachlich falsch angewendet werden**. Auf diese wenigen Regeln kann man sich sehr gut vorbereiten, was zu dem überraschenden Effekt führt, dass bei diesem Fragetyp Nicht-Muttersprachler durchschnittlich sogar besser abschneiden als Muttersprachler. Im Folgenden wollen wir uns nun die **Regeln im Detail** anschauen, die Sie kennen müssen, um bei Sentence Correction Aufgaben erfolgreich zu sein.

5.2 Die 10 Sentence Correction Regeln

Für Sentence Correction Aufgaben sind nur wenige Regeln relevant

Auch wenn es tausende verschiedene Sentence Correction Aufgaben gibt, so sind es doch immer wieder die **gleichen, wenigen Grammatik-Regeln** die dabei abgefragt werden. Wer diese kennt und anwenden kann, der hat bei diesem Aufgabentyp nichts zu befürchten. Beginnen wir nun mit den zehn „Regeln" und starten mit den häufigsten Fällen.

5.2.1 Pronomen

Um Namen nicht zu häufig in einem Text zu wiederholen werden häufig Pronomen eingesetzt. Die gängigsten Pronomen im GMAT sind: ***they, she, he, it, them***. Immer **wenn im Text**, ganz besonders im unterstrichenen Bereich, **eines dieser Pronomen auftaucht** sollten Sie ganz automatisch **zwei Fragen** beantworten:

1. ***Ist die Referenz des Pronomens klar?***
   Ist beispielsweise klar wer mit „she" gemeint ist? Wenn die Referenz nicht eindeutig ist (beispielsweise, wenn im Satz zuvor von zwei Damen gesprochen wurde), dann darf kein Pronomen verwendet werden. Im GMAT ist die Referenz meist eindeutig, jedoch ist das Bezugssubjekt manchmal einige Zeilen weiter oben zu finden. Haben Sie dieses Entdeckt, kommen wir zur nächsten Frage.

2. **Wird ein Singular oder ein plural Pronomen benötigt?**
   Wenn das Subjekt um das es geht singular ist (z.B. eine Person), dann wird ein entsprechendes Pronomen benötigt (z.B. „she"). Das klingt einleuchtend, jedoch werden im GMAT bewusst Objekte verwendet bei denen die Zuordnung nicht so leicht ist. Ein Beispiel wäre „the orchestra". Das klingt nach plural, da man ja an viele Musiker denkt, ist aber Singular (EIN Orchester), daher ist das richtig Pronomen hier „it" und nicht das intuitiv näherliegende „they".

5.2.2 Falsch gesetzter Modifikator

In einem Satz, der mit einer **Partizipialphrase** beginnt (normalerweise ein Verb in der -ing-Form) funktioniert diese Phrase **wie ein Adjektiv** (sie beschreibt oder modifiziert) das Substantiv das unmittelbar nach dem Komma folgt. Der Fehler liegt darin, dass er sich auf ein falsches Substantiv bezieht. Das Klingt sehr theoretisch; lassen Sie uns daher einen Beispielsatz betrachten.

Fehler bei Partizipialphrasen sind sehr häufig im GMAT

"coming out of the store, John's wallet was stolen"
the participial phrase the noun

In diesem Beispielsatz ist es dem Leser sofort klar worum es geht. John kommt aus dem Laden und bemerkt das sein Geldbeutel gestohlen wurde. Doch **das steht hier eigentlich nicht**. Der Erste Halbsatz bezieht sich immer auf das Subjekt, welches direkt nach dem Komma steht. In diesem Fall ist das ***John's wallet***. Das Bedeutet, wenn jemand ohne Kontext-Verständnis diesen Satz liest (also z.B. ein Außerirdischer), dann würde er oder sie (bzw. es ☺) denken, dass tatsächlich der Geldbeutel aus dem Laden kommt. Genau **solche Feinheiten** (oder Gemeinheiten) testet der GMAT bei diesem Fragetyp.

Passt das was nach dem Komma steht zu dem Halbsatz davor?

Manchmal kommt es auch vor, dass das passende Nomen im Satz ganz fehlt, wie in folgendem Beispiel.

"before designing a park, the public must be considered"

Diesen Satz würde auch wahrscheinlich **kein Lektor als falsch anstreichen**, weil es auf den ersten Blick klar ist, worum es in dem Satz geht. Bevor man einen neuen Park entwirft, sollte man mit den Leuten reden oder die Öffentlichkeit einbinden. Aber rein formal, also exakt grammatikalisch betrachtet, ist der Satz falsch. Denn es ist ja nicht die Öffentlichkeit, die einen Park entwirft, sondern ein Architekt oder ein Designer. Das heißt, der Satz könnte also zum Beispiel richtig heißen:

Auf die Feinheiten kommt es an

"before designing a park, the architect must consider the public".

Bei einem solchen voran gestellten Halbsatz sollten Sie also immer genau hinsehen was nach dem Komma steht und ob dies zusammenpasst. **Trainieren Sie ihren Blick**, dann fällt Ihnen das Erkennen solcher Muster sehr leicht. Das hat jedoch auch den Nachteil, dass Sie im Alltag oft falsche Formulierungen finden werden, denn bei diesem Punkt werden in vielen Publikationen Fehler gemacht. Kommen wir nun zur nächsten Regel.

5.2.3 Fehler in der Parallelkonstruktion

Parallele Konstruktionen sind sehr leicht zu erkennen

In Sätzen, die eine Aufzählung oder eine Reihe von **Aktivitäten** enthalten, **die durch Kommas getrennt sind**, muss jeder Satzteil genau die gleiche Konstruktion haben. Im GMAT geht es hierbei meinst um die Verwendung der –ing Form. Hier ein Beispiel.

"On average, every American speaks 1.3 languages, is buying a car every 5.2 years, drinks 14 liters of..."

In diesem Beispiel werden viele Aktivitäten aufgezählt, die jedoch **nicht immer die gleiche Form** haben. Um den Satz richtig zu stellen müssen wir alle Verbformen **angleichen**. Hierbei könnten wir entweder sagen *„is speaking, is buying, is drinking"* oder *„speaks, buys, drinks"*. Beides wäre gleichermaßen richtig, im GMAT wird jedoch nur eine der beiden Varianten angeboten werden (Sie müssen sich also nicht entscheiden).

Auch bei Vergleichen müssen beide Aktivitäten gleich konstruiert sein

Die gleiche Regel findet auch beim Vergleich von zwei Aktivitäten Anwendung. Auch hier ein Beispiel.

"to say it is like that, is making a great mistake because..."

Auch um diesen Satz richtig zu stellen müssen wir die Verbformen angleichen. Wir könnten also entweder sagen *„to say it is like that, is to make a great mistake"* oder *„saying it is like that, is making a great mistake"*.

Grundsätzlich ist auch diese Regel in Sentence Correction Aufgaben sehr leicht zu finden, da diese Aufzählungen immer durch Komma getrennt sind und dadurch sehr auffällig sind.

5.2.4 Subjekt-Verb Zusammenhang

Bei dieser Regel geht es darum ob das **Subjekt zum Verb passt** und auch hier geht es immer um die Frage **Singular oder Plural**. Im englischen ändern sich die Verbformen meist in Abhängigkeit davon ob es um eine Person oder um mehrere geht. Hier ein Beispiel.

Singular oder Plural

„John or Peter bring the drinks for our party"

In diesem Satz werden zwar zwei Personen genannt, diese sind jedoch mit „or" verbunden, so dass nur **eine der beiden** am Ende wirklich die Getränke mitbringen wird. Daher benötigen wir hier **die Singular-Variante des Verbs** also müsste der Satz heißen: *„John or Peter brings the drinks"*. Auch hier spielt der GMAT gerne mit Wörtern, die Singular sind, aber nach Plural klingen. Beispiel:

"The number of members in our sports clubs are increasing"

Manche Subjekte klingen nach Plural, sind aber Singular

Auch wenn es sich sehr stark nach Plural anhört ist *"The number of members in our sports clubs"* tatsächlich **Singular** und daher muss auch die **Singular-Variante des Verbs** verwendet werden. Es müsste also korrekt heißen: *"The number of members in our sports clubs is increasing"*.

Brechen Sie den Satz auf das Wesentliche herunter und stellen Sie Subjekt, Verb und Objekt, ohne alles andere, direkt hintereinander. Dann ist der Fehler meist sehr offensichtlich.

Vereinfachung der Sätze

5.2.5 Vergleiche

Wörter wie than, like, unlike, in contrast leiten immer einen Vergleich ein

Auch Vergleiche sind in Sentence Correction Aufgaben sehr leicht zu finden. Hierzu ist es sinnvoll bei Wörtern wie *„than, like, unlike, in contrast"* **immer hellhörig** zu werden. Denn wenn sich eines dieser Wörter in einem Sentence Correction Satz verbirgt, **dann ist auch ein Vergleich gegeben** und damit höchstwahrscheinlich auch ein entsprechender Fehler eingebaut. Um diesen zu erkennen, sollten Sie sich sehr genau ansehen was **auf beiden Seiten des Vergleichs** steht. Vergleichen Sie nicht Äpfel mit Birnen. Leider ist dies im GMAT nicht ganz so einfach, denn auch hier müssen Sie **sehr genau** und wieder kontext-unabhängig arbeiten (denken Sie dazu an die Perspektive des Außerirdischen). Hier ein Beispiel.

"Synthetic oils burn less efficiently than natural oils"

Versuchen Sie beide Seiten des Vergleichs isoliert zu betrachten

Auch diesen Satz **würde kaum ein Lektor anstreichen**, jedoch ist auch dieser Satz ganz genau betrachtet **falsch formuliert**. Haben Sie den Fehler im Vergleich gefunden?

Auf der **einen Seite dies Vergleichs** steht *"Synthetic oils burn less efficiently"* auf der anderen Seite *„natural oils"*. In beiden Fällen geht es um Öl, jedoch bezieht sich die erste Aussage **auf des Brennverhalten** des synthetischen Öls welches dann mit dem natürlichen Öl verglichen wird. Das geht so natürlich nicht. Wir könnten entweder das eine Öl mit dem anderen vergleichen oder wir vergleichen **das Brennverhalten des einen Öls mit dem Brennverhalten des anderen**. Der korrekte Satz würde daher z.B. lauten: *"Synthetic oils burn less efficiently than natural oils burn"* oder etwas eleganter: *"Synthetic oils burn less efficiently than natural oils do"*.

5.2.6 Änderung der Kernaussage

Was soll der Satz eigentlich aussagen?

Bei einigen Sentence Correction Aufgaben geht es auch darum zu erkennen, dass nur eine Version des Satzes **die eigentliche Kernaussage des Satzes wiedergibt**. Dies ist der einzig Fragetyp, bei dem es notwendig ist den Inhalt des Satzes zu verstehen. Es gibt verschiedene Möglichkeiten, wie der GMAT versucht, die Bedeutung eines Satzes zu verändern. Eine im GMAT häufig verwendete Methode ist die **Geänderte Platzierung von Modifikatoren.**

Durch die Änderung der Platzierung des Modifikators kann das modifizierte Subjekt geändert werden, wodurch eine Verschiebung oder Verzerrung der Bedeutung verursacht wird. Hier ein Beispiel.

"The boy is running after the dog with headphones"

Verschiebung der Position eines Modifikators verändert den Satz

Auch wenn es **aus dem Kontext klar ist** was gemeint ist, so hat in diesem Satz rein formal der Hund die Kopfhörer auf nicht der Junge (Perspektive des Außerirdischen). Der Satz müsste also korrekterweise den Modifikator an einer anderen Stelle haben: *„The boy with headphones is running after the dog"*.

Neben den Modifikationen gibt es noch weitere Möglichkeiten die im GMAT verwendet werden um die Aussage eines Satzes zu verändern, z.B. werden unterschiedliche Konjunktionen verwendet oder Wörter entfernt oder hinzugefügt, die notwendig sind um den Satz zu verstehen. Dies ist sicherlich **eine der schwierigsten Regeln**, da sie nicht so leicht zu erkennen ist wie die anderen.

Auch Konjunktionen (und, oder) können die Aussage des Satzes ändern.

5.2.7 Zeiten

Zeiten spielen im GMAT glücklicherweise **nur eine untergeordnete Rolle**. Wenn überhaupt, dann wird nur getestet ob Sie erkennen, dass sich die Zeit in einem Satz **unnötig ändert**. Grundsätzlich gilt: Wenn ein Satz in einer bestimmten Zeit anfängt, dann sollte er auch in ebendieser weitergehen. Es gibt hierzu nur zwei Ausnahmen. Wenn ein Satz im Past Perfect beginnt, z. B. "*he had driven his car*", folgt immer das Simple Past, z. B. "*till it ran out of gas*". Die zweite Ausnahme ist, wenn sich ein Satz **eindeutig auf 2 Zeitabschnitte bezieht**. Achten Sie hierbei auf Wörter wie "jetzt" oder „früher". Beispiel: *"dinosaurs are extinct now, but once they were present"*. Dies ist aber dann im GMAT **recht offensichtlich formuliert**.

Auch wenn die korrekte Verwendung von Zeiten viel Aufmerksamkeit im Englischunterricht hatte, ist es im GMAT kein bedeutendes Thema

Um es kurz zu machen: **Machen Sie sich nicht zu viele Gedanken um die Zeiten**, denn diese werden im GMAT nur sehr selten getestet. Viel häufiger **verschwendet** man **wertvolle Zeit** damit sich über Zeiten Gedanken zu machen (das kleine Wortspiel musst hier sein).

5.2.8 Wortänderungen durch Häufigkeiten

Im englischen ist die Verwendung von Wörtern häufig an die **Anzahl** oder die **Messbarkeit** geknüpft. Auch dies wird im GMAT hin und wieder getestet.

Bei Mengen geht es meist um die Frage ob es sich um **genau zwei Objekte** handelt oder es **mehr als zwei Objekte** gibt. Hier ein Beispiel.

"you can choose among two dinners"

Zwei Optionen oder mehr als zwei?

Die Verwendung von *"among"* ist hier falsch, da dies **nur bei mehr als zwei Optionen verwendet werden darf** und bei genau zwei *„between"* verwendet werden muss. Korrekt wäre: *"you can choose between two dinners"*.

Hier eine kurze Liste ähnlicher Wörter:

Bei genau zwei:	Bei mehr als zwei:
between	among
more	most
better	best
less	least

Zählbar oder nicht Zählbar?

Ebenso gibt es im Englischen eine Unterscheidung zwischen Dingen, die **man Zählen kann** und Dingen, **die nicht zählbar sind**. Hier ein Beispiel.

„I want fewer mashed potatoes"

Da man den Kartoffelbrei **nicht zählen kann** ist die Verwendung von „fewer" hier nicht möglich und es sollte heißen: *„I want less mashed potatoes"*. Würden wir von gekochten Kartoffeln sprechen währe „fewer" natürlich richtig.

Hier wieder eine kleine Übersicht ählicher Begriffe:

Zählbar:	Nicht-Zählbar:
fewer number many	less amount, quantity much

5.2.9 Feststehende Redewendungen

Wie in jeder Sprache gibt es auch im Englischen **feste Redewendungen (engl. Idioms)**. Dies ist einer der wenigen Bereiche bei Sentence Correction, bei denen Muttersprachler einen klaren Vorteil haben. Entsprechend der schon besprochenen Internationalisierungs-Strategie des GMAT konnte in den letzten Jahren beobachtet werden, dass die Verwendung von Idioms im GMAT zurückgegangen ist. Dennoch ist es sinnvoll sich im Rahmen der GMAT-Vorbereitung die **geläufigsten festen Redewendungen anzusehen**.

Hier zahlen sich gute Englisch-Kenntnisse aus

Hier eine Liste der wichtigsten GMAT Redewendungen:

Die wichtigsten GMAT Redewendungen (engl. Idioms)	
Not only...but also Not so much...as.. Defined as Regard as Neither...nor Based on Credited with According to Appear to Conclude that Contribute to Due to	To result in A responsibility to So...as to be... Depicted as As great as Attributed to In order to Rather than Subject to Just as...so too

Weitere Redewendungen finden Sie online wenn Sie nach „GMAT Idioms" suchen.

5.2.10 Passiv

Lösungsmöglichkeiten die passiv formuliert sind, sind fast immer falsch

Die letzte Regel ist eher ein Tipp: **Vermeiden Sie Passiv-Konstruktionen**. Bei Sentence Correction ist nach dem Satz gefragt, der die Botschaft am klarsten und am kürzesten wiedergibt. Passiv-Konstruktionen können für Prosa-Texte sicherlich eingesetzt werden, sind aber im GMAT, wie auch in der wissenschaftlichen Sprache, tabu. Das gilt insbesondere für **unbestimmte Passiv-Konstruktionen**. Beispiel:

„the data needs to be analyzed thoroughly".

In diesem Beispielsatz bleibt unklar wer die Daten sorgsam analysieren muss, daher wäre hier immer eine **aktive Formulierung besser**, die klar angibt an wen sich diese Forderung richtet. Hier ein Beispiel.

„The reporter needs to thoroughly analyze the data".

5.3 Die Sentence Correction Methodik

Das Vorgehensmodell für Sentence Correction

So gehen Sie an Sentence Correction Aufgaben heran: Lesen Sie nur **den Originalsatz und versuchen Sie, den Fehler darin zu finden**, denken Sie über die **10 möglichen Fehler** (siehe Kapitel zuvor) nach, anstatt sich auf Ihr Ohr zu verlassen. Lesen Sie **niemals alle Antwortmöglichkeiten** (diese haben oft das Ziel Sie vom eigentlichen Thema abzulenken). Wenn Sie den Fehler gefunden haben, eliminieren Sie alle Antworten, die diesen Fehler wiederholen. Wenn Sie das tun, bleiben normalerweise **zwei mögliche Antworten** übrig, von denen eine oft einen neuen Fehler enthält. Häufig führt dies dazu, dass der **richtige Satz etwas kürzer ist**. Dies ist jedoch nur eine Daumenregel, die Sie nur unter Zeitdruck anwenden sollten.

Wenn Sie den Fehler im ursprünglichen Satz nicht finden können, gibt es noch einen **Plan B**: Betrachten Sie alle Antworten (nicht lesen), außer der ersten (sie ist redundant), und überprüfen was sich ändert. Suchen Sie dabei **wirklich nur nach den Änderungen** und verstricken Sie sich nicht in Details. Oft ist es nur ein Wort, das sich zwischen den

Antwortoptionen unterscheidet. Dieses hat natürlich direkt mit der Grammatikregel, die hier betroffen ist zu tun und sollte Sie zur Lösung führen.

Das war nun natürlich etwas theoretisch. Lassen Sie es uns daher nun an einigen **Beispielaufgaben** üben.

5.4 Sentence Correction: Übungsaufgaben und Lösungsstrategien Level leicht

Starten wir nun wieder mit einfachen Übungsaufgaben und arbeiten uns langsam zu den schwereren Aufgaben vor. Auch wenn im Verbal Teil des GMATs **im Mittel knapp 2 Minuten** pro Aufgabe zur Verfügung stehen, sollten Sie versuchen d**iesen Fragetyp in ca. 1:30 Minuten zu beantworten**. Dadurch können Sie etwas mehr Zeit für Reading Comprehension Aufgaben einplanen, die wir uns gleich im Anschluss ansehen werden (und bei denen mehr Zeit auch meist mehr Punkte bedeutet). Los geht's.

Versuchen Sie diesen Fragetyp in 1:30 Minuten zu beantworten

Sentence Correction Übungsaufgabe 1

Stufe: Leicht

Einstufung: leicht

As its reputation for making acquisitions of important masterpieces has grown over the past years, the gallery has increasingly turned down offers of lesser-known artists they would in the past have accepted gratefully.

(A) they would in the past have accepted gratefully
(B) they would have accepted gratefully in the past
(C) it would have accepted gratefully in the past
(D) it previously would have accepted gratefully in the past
(E) that previously would have been accepted in the past

Haben Sie erkannt **welche Grammatikregel hier** betroffen ist? Das **erste unterstrichene Wort** liefert hier den entscheidenden Hinweis, das **Pronomen *„they"***. Sobald im Text ein Pronomen aufkommt, sollten Sie sich zwei Fragen stellen:

Sobald ein Pronomen auftaucht sollten Sie automatisch diese beiden Fragen im Kopf durchgehen

1) **Auf wen oder was bezieht sich das Pronomen?**

   Hier ist der Bezug recht eindeutig: *„The gallery".*

2) **Wurde das richtig Pronomen verwendet?**

   Auch wenn *„the gallery"* nach vielen Menschen klingt ist es doch **Singular**. Das richtig Pronomen wäre also „it".

Mit diesem Wissen bewaffnet sollten Sie nun **zum ersten Mal einen Blick auf die Antwortoptionen** werfen. Dabei wird schnell klar, dass **nur zwei Antworten in Frage kommen**: **C** oder **D**. In einem der zwei Sätze wurde noch ein Fehler eingebaut. Haben Sie ihn bemerkt?

Im Satz D ist mit *„previously"* und *„in the past"* gleich zwei Mal der Verweis auf die Vergangenheit und das ist daher redundant. Es bleibt **C als korrekte Lösung**.

Sentence Correction Übungsaufgabe 2

Stufe: Leicht

Einstufung: leicht

In contrast to acoustic guitars, whose owners prefer the dulcet, rounded tones produced by nylon strings, folk guitar owners prefer the bright and brassy sound that only bronze or steel can produce.

A) folk guitar owners prefer the bright and brassy sound
B) folk guitar owners prefer to get a sound that is bright and brassy
C) with a folk guitar the owner gets the preferably bright and brassy sound
D) folk guitars produce a bright and brassy sound, which their owners prefer,
E) folk guitars produce a preferred bright and brassy sound for their owners

Haben Sie erkannt **welche Grammatikregel** hier betroffen ist? Hier liefern gleich **die ersten beiden Wörter** den entscheidenden Hinweis. *„In Contrast"* leitet **einen Vergleich ein** und in einem solchen Fall ist es wichtig genau zu betrachten was eigentlich verglichen wird.

Achten Sie auf das Alarmwort „In contrast" hier versteckt sich also ein Vergleich

Im Originalsatz werden *„acoustic guitars"* mit *„folk guitar owners"* verglichen. Also **Gitarren** mit **Menschen**. Da der erste Teil des Satzes nicht unterstrichen ist können wir diesen nicht ändern. Wir brauchen also im **zweiten Teil des Satzes Gitarren**. Schauen wir nun mal in die Lösungen, wo finden sich Gitarren in der zweiten Satzhälfte?

Da ein Vergleich mit *„with"* nicht funktioniert bleibt nur **Lösung D oder E**. Jetzt wird es wieder knifflig. Welcher Satz ist der bessere? Das entscheidende Wort ist hier das *„preferred"* in Satz E. Dieses ist unklar positioniert und würde eigentlich bedeuten, dass **jeder** den Klang dieser Gitarren bevorzugt. **Satz D ist hier deutlich klarer und ist daher die korrekte Lösung.**

Weiter geht es mit der nächsten Sentence Correction Aufgabe.

Sentence Correction Übungsaufgabe 3

Stufe: Leicht

Einstufung: leicht

Although covered in more than six inches of snow, aviation officials said that conditions on the runway at the time of the emergency landing was acceptable.

(A) aviation officials said that conditions on the runway at the time of the emergency landing was acceptable
(B) the runway conditions during the emergency landing were acceptable according to aviation officials
(C) according to aviation officials, the runway was in acceptable condition during the time of the emergency landing
(D) the runway was in acceptable condition during the emergency landing, according to aviation officials
(E) aviation officials said that conditions on the runway at the time of the emergency landing were acceptable

Haben Sie erkannt welche Grammatikregel hier betroffen ist? Hier liefert der ganze **erste Halbsatz** den entscheidenden Hinweis. Der Satz beginnt mit einer **Partizipialphrase (Regel 2)**. Diese bezieht sich immer auf das Subjekt, welches direkt nach dem Komma steht.

Im Originalsatz würde das daher bedeuten, dass die Luftfahrtoffiziere mehr als sechs Zoll Schnee auf dem Kopf haben. Das soll der Satz aber **natürlich nicht aussagen**. Wo kann der Schnee liegen? Richtig, auf **der Rollbahn**. Daher bleibt bei dieser Aufgabe tatsächlich **nur eine Mögliche Lösung: D**. Denn nur D hat den *„runway"* und eben **nur diesen** nach dem Komma stehen.

Achten Sie auf solche vorgestellten Halbsätze

Vielleicht ist Ihnen auch ein weiterer Fehler im Originalsatz aufgefallen. Denn das Subjekt *„conditions"* passt nicht Verb-Form *„was"* (Regel 4 Subjekt-Verb Zusammenhang). Doch auch dieser Fehler wird in Satz D korrigiert, denn hier bezieht sich „was" auf „the runway" und ist damit die korrekte Verbform.

Hier stecke schon zwei Grammatikfehler in einem Satz

Nun geht es schon weiter mit den mittleren Sentence Correction Aufgaben.

5.5 Sentence Correction: Übungsaufgaben und Lösungsstrategien Level mittel

Sentence Correction Übungsaufgabe 4
Stufe: Mittel

Einstufung: Mittel

Current changes, which may be part of a general global warming trend, include an increase in the frequency and severity of natural disasters, a gradual rise in sea level, depleting the ozone layer, and raising the temperature of the earth.

(A) depleting the ozone layer, and raising the temperature of the earth
(B) depleting the ozone layer, and a rise in the earth's temperature
(C) a depletion of the ozone layer, and raising the earth's temperature
(D) a depletion of the ozone layer, and a raise of the temperature of the earth
(E) a depletion of the ozone layer, and a rise of the temperature of the earth

Haben Sie erkannt welche Grammatikregel hier betroffen ist? Richtig, es handelt sich um eine **Aufzählung von Aktivitäten** (Regel 3 Fehler in der Parallelkonstruktion). Die Aufzählung beginnt mit *„an increase in..“* und muss daher fortgeführt werden mit *„a depletion“*, gefolgt von *„a raise“* oder *„a rise“*. Es bleiben also wieder nur **D** und **E als mögliche Lösungen** übrig. Was ist nun korrekt? Die Bezeichnung *„a raise“* bedeutet eine Gehaltserhöhung, das ist hier wohl kaum gemeint. Es bleibt also **Antwort E** mit *„a rise“* als **korrekte Lösung**. Man hätte hierbei auch etwas weiter oben im Text spicken können, dann da steht bereits „rise in sea level“.

Ab zur nächsten Aufgabe.

Sentence Correction Übungsaufgabe 5
Stufe: Mittel

Einstufung: Mittel

A higher interest rate is only one of the factors, albeit an important one, that keeps the housing market from spiraling out of control, like it did earlier in the decade.

(A) keeps the housing market from spiraling out of control, like it did
(B) keep the housing market from spiraling out of control, as it did
(C) keeps the housing market from spiraling out of control, as it did
(D) keep the housing market from spiraling out of control, like earlier
(E) keep the housing market from spiraling out of control, like it did earlier

Haben Sie erkannt welche Grammatikregel hier betroffen ist? Wenn nicht, denken Sie immer an den **Plan B**. Hierzu scannen Sie die Antwortoptionen im Hinblick darauf welche Wörter sich jeweils ändern. Hierbei fällt einem schnell auf, dass das erste Wort in den Lösungen zwischen *„keep"* und *„keeps"* wechselt. Es geht also um die Frage ob die **Singular- oder Plural-Form des Verbs** richtig ist (Regel 4 Subjekt-Verb Zusammenhang).

Doch was ist hier das Subjekt auf das sich dieses Verb bezieht? Es ist *„factors"*, also benötigen wir die **Plural-Form *„keeps"***. Um das besser zu verstehen hier ein deutscher Beispielsatz.

Die hohen Zinsen sind nur einer der Faktoren, die dazu führen, dass weniger gebaut wird.

Manchmal ist es hilfreich sich einen einfacheren Beispielsatz auszudenken

Auch hier wird mit „führen" der Plural verwendet, da es ja um viele Faktoren geht, die alle dazu führen, dass weniger gebaut wird (andere könnten z.B. fehlende Bauplätze oder zu wenig Baufirmen etc. sein).

Es bleibt also **B, D** und **E**. Die Entscheidung wird nun sehr einfach, wenn man sieht, dass ***„earlier"*** am Ende der Sätze D und E **redundant ist** zu dem *„earlier"*, das ja bereits oben im nicht-unterstrichenen Bereich steht. Es bleibt also nur **Antwort B** als korrekte Lösung.

Nun zur nächsten Aufgabe.

Einstufung: Mittel

Adult survivors of child abuse generally have had little or no chance that they could get their symptoms recognized and treated.

(A) that they could get their symptoms recognized and treated
(B) to recognize and treat their symptoms
(C) of getting their symptoms recognized and treated
(D) of recognizing and treating symptoms
(E) of getting his or her symptoms recognized and treated

Sentence Correction Übungsaufgabe 6

Stufe: Mittel

Bei dieser Aufgabe ist es **nicht ganz so leicht die betroffene Grammatikregel zu finden**, denn hier sind es gleich **drei**. Zum einen geht es darum, dass „chance of" eine feststehende **Redewendung** im Englischen ist (Regel 9). Zum anderen geht es darum, die **Kernaussage** des Satzes nicht zu verändern (Regel 6 Änderung der Kernaussage). Außerdem wird noch das **richtige Pronomen** gesucht (Regel 1).

Bei diesem Satz sind gleich mehrere Grammatikregeln betroffen

Wenn wir wissen, dass es „chance of" heißen muss, bleiben noch die **Optionen C, D** und **E**. Die Option D verändert jedoch die Kernaussage, denn hier würde es eigentlich heißen, dass die Überlebenden sich selbst heilen. Es bleibt also **C** und **E**. Da das richtige Pronomen hier *„their"* heißen muss nicht *„his or her"* bleibt **Antwort C als korrekte Lösung.**

Nun gehen wir schon zu den schweren Sentence Correction Aufgaben über, also den Aufgaben die Sie für ein Punkte-Niveau von über 650 Punkten lösen können sollten. Dennoch sollten Sie auch hier versuchen die Aufgaben in ca. 1:30 Minuten zu beantworten.

5.6 Sentence Correction: Übungsaufgaben und Lösungsstrategien Level schwer

Sentence Correction Übungsaufgabe 7

Stufe: Schwer

Einstufung: Schwer

By analyzing the advanced olfactory apparatus of Pleistocene chordates, paleozoologists have discovered a link between the brain's regions of scent discrimination and its regions of long-term memory storage, a link that could prove invaluable in the treatment of amnesia victims.

(A) paleozoologists have discovered a link between the brain's regions of scent discrimination and its regions of long-term memory storage
(B) a link between the brain's regions of scent discrimination and its regions of long-term memory storage has been discovered by paleozoologists
(C) there is a link that paleozoologists have discovered between the brain's regions of scent discrimination and its regions of long-term memory storage
(D) the discovery of a link between the brain's regions of scent discrimination and its regions of long-term memory storage was made by paleozoologists
(E) the brain's regions of scent discrimination and long-term memory storage have a link that was discovered by paleozoologists

Oft müssen Sie den Satz nicht verstehen um die Aufgabe zu lösen

Haben Sie erkannt welche Grammatikregel hier betroffen ist? Auch wenn dieser Satz nicht nur **sehr lang** ist, sondern auch gespickt mit **Fremdwörtern**, lässt er sich recht leicht angehen, wenn man weiterhin die Grammatik-Regeln im Kopf hat. Der Schlüssel ist hier wieder der **erste Halbsatz**. Auch wenn Sie diesen inhaltlich nicht verstehen, dann sollte Ihnen dennoch auffallen, dass es sich um eine **Partizipialphrase** (Regel 2) handelt. Diese bezieht sich bekanntermaßen immer auf das Subjekt, welches direkt nach dem Komma steht.

Da dieser Satz mit *„By analyzing"* beginnt, sollte also direkt nach dem Komma jemand oder etwas stehen, was eine Analyse durchführen kann. Was bleibt hier übrig? Richtig, nur der Originalsatz hat mit den

„paleozoologists" eine Personengruppe, die eine solche Analyse hätte durchführen können. **Die richtige Antwort ist also A.**

Grundsätzlich sollten Sie **keine Angst** davor haben **Antwortoption A** anzukreuzen. Diese ist genauso Häufig korrekt wie die anderen Antwortoptionen.

Keine Angst vor Antwort A

Einstufung: Schwer

According to scientists at the University of Berkeley, the pattern of changes that have occurred in human DNA over the millennia indicate the possibility that everyone alive today might be descended from a single female ancestor who lived in Africa sometime between 140,000 and 280,000 years ago.

(A) indicate the possibility that everyone alive today might be descended from a single female ancestor who
(B) indicate that everyone alive today might possibly be a descendant of a single female ancestor who had
(C) may indicate that everyone alive today has descended from a single female ancestor who had
(D) indicates that everyone alive today may be a descendant of a single female ancestor who
(E) indicates that everyone alive today might be a descendant from a single female ancestor who

Sentence Correction Übungsaufgabe 8

Stufe: Schwer

Haben Sie erkannt welche Grammatikregel hier betroffen ist? Wenn nicht, lassen Sie es uns nochmal mit **Plan B** versuchen. Was ändert sich in den Antwortoptionen, direkt beim ersten Hinsehen?

Richtig, manchmal steht *„indicates"* in der Singular- und manchmal *„indicate"* in der Plural-Variante des Verbs. Es handelt sich also um ein **Subjekt-Verb Zusammenhang**, der hier betroffen ist (Regel 4). Doch was ist das Subjekt in diesem Satz? Ist es *„scientists"*? Auch wenn dies inhaltlich nahe liegen würde ist das Subjekt des Satzes tatsächlich *„the pattern of changes"*.

Betrachten Sie die Antworten ohne Sie im Detail zu Lesen. Wo sind Unterschiede?

Im nächsten Schritt müssen wir nun entscheiden **ob dies Singular oder Plural ist**. Hier zeigt sich die Schwierigkeitsstufe dieser Frage ein weiteres Mal: Obwohl *„the pattern of changes"* sehr stark nach Plural klingt ist es doch Singular. Das bedeutet, die richtig Verbform ist *„indicate"*. Es bleiben die Antwortoptionen D und E. Was ist nun der Unterschied dieser beiden Sätze?

Hier gibt es zum Glück sogar zwei und jeder für sich genommen wäre ausreichend hier eine finale Entscheidung zu treffen. Zum einen unterscheiden sich die Sätze durch die **Verwendung von *„may"*** (in D) und ***„might"*** (in E). Während *„may"* eine Möglichkeit in der Gegenwart oder Vergangenheit ausdrückt, bezieht sich *„might“* auf eine Möglichkeit in der Zukunft. Da mit *„alive today“* ein klarer Anker im heute gesetzt ist, muss es „may“ heißen.

Eine weitere Möglichkeit auf **Antwort D** zu schließen, ist das Verb *„descendant“*. Dies ist eine weitere **feststehende Redewendung** im Englischen (Regel 9), denn es heißt immer „descendant of“. **Daher bleibt D als einzige Lösung übrig.**

Kommen wir nun schon zur letzten Sentence Correction Aufgabe.

Sentence Correction Übungsaufgabe 9

Stufe: Schwer

Einstufung: Schwer

In the past years, it became increasingly evident that writing about someone else's research was much easier for social scientists who wanted to make quick name for themselves than it was to do their own research.

(A) that writing about someone else's research was much easier for social scientists who wanted to make quick name for themselves
(B) that for social scientists who wanted to make a quick name for themselves, it was easier to write about someone else's research
(C) that for social scientists wanting to make a quick name for themselves, writing about someone else's research was much easier
(D) for social scientists who wanted to make quick name for themselves that writing about someone else's research was much easier
(E) for social scientists who wanted to make quick name for themselves, writing about someone else's research was much easier

Haben Sie erkannt welche Grammatikregel hier betroffen ist? Richtig, **hier ist ein Vergleich im Satz** (Regel 5). Doch das gemeine an dieser Aufgabe ist, dass der Vergleich inhaltlich so in Ordnung ist.

Auch bei einem Vergleich müssen die Verbformen identisch sein

Das Thema Vergleich kam jedoch auch bei einer anderen Grammatikregel vor: Bei **Fehler in der Parallelkonstruktion** (Regel 3). Wenn zwei Aktivitäten verglichen werden, muss dies immer in **derselben Verbform** passieren. Dieser Satz ist nicht umsonst in der schwersten Kategorie, denn die beiden entsprechenden Verbformen sind gekonnt weit auseinander platziert, so dass es hier sehr schwer ist, diese zu erkennen.

Im Originalsatz sind dies zum einen *„writing“*, welches verglichen wird mit *„to do their own research“*. Der zweite Teil dieses Satzes ist nicht unterstrichen, daher suchen wir nach einer Lösung, **die uns im ersten Teil des Vergleiches die Verbform *„to write“* liefert**. Können Sie diese finden? Richtig, **nur in Lösung B** findet sich diese Form. Somit können wir auch diese sehr schwere Sentence Correction Aufgabe sehr schnell lösen. **Die Korrekte Antwort ist B.**

5.7 Reading Comprehension

Nun kommen wir schon zum nächsten Fragetyp im GMAT Verbal-Teil, den Reading Comprehension Aufgaben. Im GMAT kommen diese Fragetypen immer zufällig gemischt. Die einzige Ausnahme bildet dieser Fragetyp, denn bei **Reading Comprehension Aufgaben kommen immer 3-5 Fragen zu einem festen und ständig sichtbaren Text am Stück hintereinander**. Im GMAT sieht das dann konkret so aus, dass Sie einen sogenannten **Split-Screen** sehen, bei dem stets links der Text und rechts die Frage dazu kommt. Die **Fragen wechseln** durch, **der Text bleibt** für die 3-5 Fragen zu diesem Text immer stehen. Das folgende Schaubild zeigt ein Beispiel für die Bildschirmansicht.

Kommt im GMAT Test eine Reading Comprehension Aufgabe folgen immer 3-4 weiter Fragen zum gleichen Text

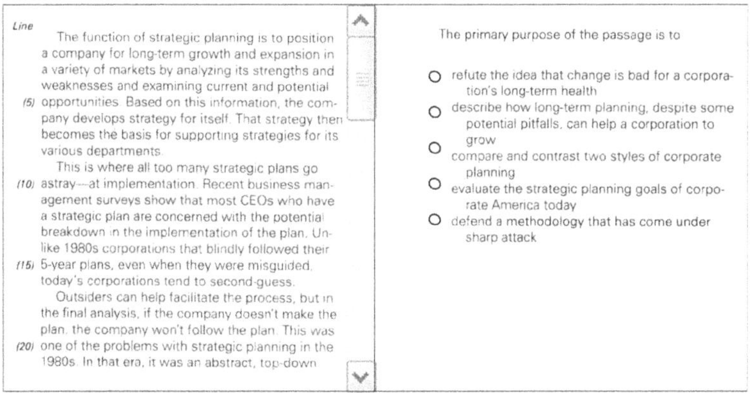

The function of strategic planning is to position a company for long-term growth and expansion in a variety of markets by analyzing its strengths and weaknesses and examining current and potential opportunities. Based on this information, the company develops strategy for itself. That strategy then becomes the basis for supporting strategies for its various departments.

This is where all too many strategic plans go astray—at implementation. Recent business management surveys show that most CEOs who have a strategic plan are concerned with the potential breakdown in the implementation of the plan. Unlike 1980s corporations that blindly followed their 5-year plans, even when they were misguided, today's corporations tend to second-guess.

Outsiders can help facilitate the process, but in the final analysis, if the company doesn't make the plan, the company won't follow the plan. This was one of the problems with strategic planning in the 1980s. In that era, it was an abstract, top-down

The primary purpose of the passage is to

- refute the idea that change is bad for a corporation's long-term health
- describe how long-term planning, despite some potential pitfalls, can help a corporation to grow
- compare and contrast two styles of corporate planning
- evaluate the strategic planning goals of corporate America today
- defend a methodology that has come under sharp attack

Der Text ist im GMAT immer sichtbar während Sie die Fragen beantworten

Reading Comprehension Fragen drehen sich, wie der Name schon vermuten lässt, um das **Leseverständnis von Texten**. Diesen Aufgabentyp gibt es sehr ähnlich auch im Englisch-Test **TOEFL**, jedoch sind sowohl die Texte als auch die Fragen hierzu im **GMAT deutlich schwerer**.

Grundsätzlich gibt es drei Arten von Texten, die verwendet werden: Wirtschaftswissenschaftliche Texte, sozialwissenschaftliche Texte und naturwissenschaftliche Texte. Grade letztere sind oft mit **Fremdwörtern gespickt**, die auch so manchem Muttersprachler nicht geläufig sind. Dennoch ist bei diesem Fragetyp sicherlich **Sprachverständnis** und damit einhergehend ein großer englischer Wortschatz, ein entscheidender **Schlüssel zum Erfolg**. Diesen in wenigen Wochen aufzubauen ist fast unmöglich, daher empfiehlt es sich schon möglichst frühzeitig zu beginnen englische Fachpublikationen zu lesen. Besonders empfohlen werden können hierfür amerikanische Magazine wie *The Economist, Harvard Business Review, The Times* oder *Forbes*. Viele Texte im GMAT entstammen meist mehr oder weniger direkt einem solchen Magazin. Aber lassen Sie sich nicht entmutigen, auch für die-

In der Vorbereitungszeit sollten Sie regelmäßig englische Texte lesen.

sen Teil des GMATs gibt es natürlich einige **hilfreiche Tipps und Strategien**, die ihnen helfen werden zumindest einige Antwortmöglichkeiten auszuschließen.

5.8 Reading Comprehension: Generelles Vorgehen

Auch bei einem Vergleich müssen die Verbformen identisch sein

Die **schlechten Nachrichten vorweg** der GMAT verlangt von Ihnen, lange, furchtbar **komplexe Absätze** innerhalb weniger Sekunden zu lesen und 3-5 Fragen zu beantworten, die sich oft auf **sehr detaillierte Fakten** oder sogar Schlussfolgerungen des Textes beziehen. Die gute Nachricht: Reading Comprehension unterscheidet sich vom gewöhnliches Lesen von Fachtexten. Da Sie nur **zu einem winzigen Teil des Textes befragt werden**, ist es nicht notwendig, den gesamten Text intensiv durchzulesen und zu versuchen, sich alle Details einzuprägen. Hierfür brauchen Sie einen **speziellen GMAT-Lesestil**. Wie das funktioniert wollen wir uns nun ansehen.

Der GMAT-Lesestil hat einige Besonderheiten

Wie liest man Reading Comprehension Texte? Zunächst sollten Sie sich ein **hartes Zeitlimit** für das **erste Lesen** vornehmen. Die Empfehlung ist hierfür maximal **1:30 bis 2:00 Minuten** aufzuwenden. Lesen Sie die er**sten paar Sätze aufmerksam**, um eine Vorstellung davon zu bekommen, worum es im Text geht (normalerweise befindet sich der Schlüssel zum ganzen Text im ersten oder zweiten Satz). Lesen Sie den **Rest des Textes sehr schnell** und merken Sie sich, wo sich wichtige Informationen befinden (wie eine Sitemap), anstatt sich alle Informationen zu merken. Notieren Sie bei Bedarf ein oder zwei Wörter für jeden Absatz. Denken Sie immer daran, dass der Text **weiterhin verfügbar bleibt** und das Ziel des ersten Lesens nicht ist sich alles merken zu können. Vielmehr soll das erste Lesen dazu dienen:

Ziele des ersten Lesens des Textes

1) zu verstehen worum es generell im Text geht
2) wie der Text aufgebaut ist und wo welche Informationen zu finden sind.

Hilfreich ist es auch zuerst die erste Frage zu lesen, denn in den allermeisten Fällen fragt die erste Frage exakt Punkt 1 ab. Diese erste allgemeine Frage lautet in etwa "*Was ist die Hauptaussage des Textes?*" Versuchen Sie, Ihre **eigene Antwort zu finden**, bevor Sie sich die vorgegebenen ansehen, und streichen Sie dann Antworten, die sich nur auf einen Teil des Textes beziehen oder Informationen angeben, die nicht im Text vorkommen.

Danach kommen **3-4 spezifische Fragen**. Suchen Sie nach Leitwörtern in der Frage und versuchen Sie, diese Wörter im Text zu finden (wenn keine Textzeile angegeben ist). Die Antwort sollte dort in der Nähe sein. Hier ist es hilfreich, wenn Sie im Kopf (oder sogar auf dem

Skizzenpapier oder Whiteboard) **eine Sitemap** haben, denn dann wissen Sie meinst sofort, **wo Sie suchen müssen**.

5.9 Reading Comprehension: Tipps und Strategien

Hier einig wesentliche Punkte die Ihnen helfen, Reading Comprehension Aufgaben schnell und effizient zu lösen.

Hier sind die wichtigsten Strategien für Reading Comprehension Aufgaben zusammengestellt

- Achten Sie beim Lesen des Textes auf strukturelle Wegweiser: Auslösende Wörter: wie "jedoch, aber, doch, trotz, während, doch..." sind ein Zeichen dafür, dass dieser Absatz **die Richtung ändert** und daher nicht mit dem übereinstimmen wird, was zuvor gesagt wurde.

- Fortsetzungswörter: wie "erstens, zweitens, zusätzlich, also, ebenfalls..." lassen Sie wissen, dass dieser Absatz **die Richtung nicht ändern** wird.

- Sogenannte „Yin-Yang-Wörter", wie "im Allgemeinen → jedoch" oder "einerseits → andererseits", lassen Sie wissen, dass es zwei **entgegengesetzte Standpunkte** gibt.

- Grundsätzlich ist es oft einfacher, die Antworten **anzugreifen** (zu beweisen, dass sie falsch sind), als die richtige Lösung direkt zu finden.

- Bei manchen Fragen werden Sie aufgefordert Schlussfolgerungen zu ziehen („***What could be infered...?***"). Hier sollten Sie nicht zu weit über den Text hinausgeht, normalerweise ist die richtige Antwort sehr offensichtlich und s**ehr nahe am Text**.

- Eine richtige Antwort ist immer **unstrittig**. Wenn es also unter ähnlichen Antwortmöglichkeiten einige gibt, die in irgendeiner Weise in Frage gestellt werden können (mit Wörtern wie "immer, muss, alle, nie, jeder"), ist normalerweise die **allgemeinste und vagste richtig** (mit Wörtern wie "normalerweise, manchmal, kann, kann, die meisten etc.).

- Wenn ein Text als **objektiver Text über ein Thema** geschrieben ist (wie die meisten GMAT-Texte), dann vermeiden Sie Antworten für die allgemeine Frage, **die eine Meinung ausdrücken** (z.B. "argumentieren", "empfehlen", "kritisieren" usw.).
- Vermeiden Sie zu **emotionale Antworten**.

- Wenn es in einer Passage um eine Minderheitengruppe geht, vermeiden Sie Antworten, die eine **negative Meinung über die Minderheit** ausdrücken (der GMAT versucht natürlich politisch korrekt zu sein und das können Sie nutzen).

Denken Sie daran, dass Sie im Test den Text jederzeit lesen können

So nun haben Sie viele Tipps und Strategien in der Theorie kennen gelernt. Höchste Zeit also **dies in die Praxis umzusetzen**. Weiter geht es mit den Übungsaufgaben zu Reading Comprehension. Um Platz zu sparen ist der Text jeweils nur einmal abgedruckt. Sie können diesen aber natürlich **beliebig oft lesen um die Frage zu beantworten**. Im Test selbst gibt es dann einen **Split-Screen**, wie oben bereits beschrieben.

Nehmen Sie sich für das erste Lesen des Textes maximal 2 Minuten Zeit und versuchen Sie dann **die Fragen in je maximal 1:30 Minuten zu beantworten**. Los geht es natürlich zum Einstieg wieder mit einem leichten Text.

5.10 Reading Comprehension: Übungsaufgabe Level leicht

Beispieltext Reading Comprehension 1

Stufe: Leicht

Many American corporations have, unfortunately, made looking for protection from import competition a major part of their business model. Since early 1980s the United States International Trade Commission (ITC) has received more than 280 complaints claiming damage from imports. This claims put forward that imports have benefitted from subsidies by foreign governments. Another 340 claims charge that foreign companies "dumped" their products in the American market at less than a fair market price. Even when no unfair practices are directly observable, the simple claim that an industry has been injured by imports is sufficient grounds to seek relief by the government.

Contrary to the general impression, this quest for import relief has hurt more companies in the United States than it has helped. As corporations begin to function globally, they develop a complex web of marketing, production, and research relationships. The complexity of these relationships makes it unlikely that a system of import relief laws will meet the strategic needs of all the units under the same parent company.

The ongoing trend of globalization increases the danger that foreign companies will use import relief laws against the very companies the laws were designed to protect. Suppose a United States-owned corporation establishes a plant in Asia to manufacture a product while its Asian competitor makes the same product in the United States. If the competitor can prove injury from the imports - and that the United States-owned corporation received a subsidy from a foreign government to build its plant abroad – the United States company's products will be uncompetitive in the United States, since they would be subject to heavy duties.

Perhaps the most brazen case occurred when the ITC investigated allegations that Mexican companies were injuring the United States salt industry by dumping rock salt, used to de-ice roads. The bizarre aspect of the complaint was that a foreign conglomerate with United States production was crying for help against a United States company with foreign operations. The "United States" company claiming injury was a subsidiary of a French conglomerate, while the "Mexican" companies included a subsidiary of a Chicago firm that was the second-largest domestic producer of rock salt.

Ein Beispiel für die Lesetechnik

Bevor wir nun mit den eigentlichen Fragen beginnen, lassen Sie uns kurz die Zeit nehmen um an diesem Text **exemplarisch die Lesetechnik für Reading Comprehension Passagen** zu besprechen.

1.Paragraph: Diesen sollten Sie **komplett und konzentriert lesen**, denn er liefert den Kontext. Viele US-Unternehmen suchen Schutz vor der Importkonkurrenz und bemühen sich um Abhilfe. Die ITC hat viele Beschwerden erhalten. Aus diesem Absatz kann man schließen, dass der Autor mit diesen Schritten der USA nicht zufrieden ist (Verwendung des Wortes *„unfortunately"*). Dies bedeutet, dass dies einer der wenigen GMAT Texte ist, die nicht aus einer neutralen Position heraus geschrieben wurden, sondern eine Meinung vertritt.

2.Paragraph: Hier reicht es, wenn Sie **den ersten Satz verstehen**. In diesem Absatz möchte der Autor klarmachen, dass entgegen dem allgemeinen Eindruck, Hilfen für von Import betroffenen Firmen mehr Unternehmen geschadet als geholfen hat.

3.Paragraph: Auch hier reicht es wieder nur **den ersten Satz zu verstehen**. Durch die Internationalisierung steigt die Gefahr, dass ausländische Unternehmen die Import-Gesetze gegen genau die Unternehmen einsetzen, die durch diese Gesetze eigentlich geschützt werden sollen.

4.Paragraph: Auch hier sagt uns der erste Satz, dass nun noch ein besonders haarsträubendes Beispiel folgt.

Sie sollten ihren eigenen Lese-Stil finden

Wie Sie sehen reicht es generell die **Absätze nur anzulesen** um ein grobes Textverständnis zu erreichen und eine **Sitemap des Textes im Kopf** zu erzeugen (oder zu verschriftlichen). Falls Sie noch ausreichend Zeit haben, können Sie den Text natürlich auch komplett lesen, jedoch sollten Sie die **Intensität variieren** (Fokus auf den ersten Absatz und jeweils die ersten Sätze der folgenden Absätze). Kommen wir nun zur ersten Frage.

Übungsaufgabe Reading Comprehension 1

Stufe: Leicht

Einstufung: Leicht

The main intention of this passage is

(A) arguing against the increased globalization of United States corporations
(B) warning that the execution of laws affecting trade frequently has unintended consequences
(C) demonstrating that Mexican firms receive more subsidies from their governments than United States firms receive from the United States government
(D) advocating the use of trade restrictions for "dumped" products but not for other forms of imports
(E) recommending a new and improved method for handling claims of unfair trade practices

Die erste Frage ist, wie fast immer im GMAT, **die generelle Frage**, die sich auf den ganzen Text bezieht und die **Hauptaussage des Textes in einem Satz** zusammenfassen soll. Genau für die Beantwortung dieser Frage dient das erste Lesen des Textes und die Sitemap die wir bereits entwickelt haben.

Der Autor des Textes **übt Kritik an der Gesetzgebung** für Importe und zeigt in der Theorie und im letzten Absatz auch an einem Beispiel **die Konsequenzen** auf, die entgegen der eigentlichen Absicht der Gesetzgebenden sind. Zu welcher Antwortoption passt dies? Richtig, zu **Antwort B**. Achten Sie darauf, wie manche Antwortoptionen geschickt Aspekte aus dem Text aufgreifen um Sie förmlich anzulocken. Insbesondere **C, D** und **E** greifen alle Begriffe aus dem Text auf, stellen diese jedoch falsch dar. Versuchen Sie bei der ersten, generellen Frage sich zunächst **selbst eine Antwort zu überlegen** und prüfen Sie dann welche Option am besten dazu passt.

Kommen wir nun zur nächsten Aufgabe.

Übungsaufgabe Reading Comprehension 2

Stufe: Leicht

Einstufung: Leicht

It can be inferred from the text that the minimal basis for raising a complaint to the ITC is which of the following?

(A) A foreign competitor has received a subsidy from a foreign government.
(B) A foreign competitor has significantly increased the volume of products shipped to the United States.
(C) A foreign competitor is selling products in the United States at less than fair market value.
(D) The corporation requesting import relief has been injured by the sale of imports in the United States.
(E) The corporation requesting import relief has been barred from exporting products to the country of its foreign competitor.

Bei spezifischen Fragen ist es die größte Herausforderung den passenden Textteil zu finden

Dies ist eine sogenannte ***Inference*-Frage**, das bedeutet, wir suchen eine **Antwort die so, nur mit anderen Worten direkt im Text steht**. Da es eine spezifische Frage ist, springen wir zur Beantwortung zurück in den Text. Doch wo müssen wir suchen? Richtig, **gleich im ersten Absatz** steht etwas zu den Bedingungen einer Beschwerde bei der ITS. Jedoch müssen wir aufpassen, dann es ist nach der **minimalen Basis für eine Beschwerde gefragt**.

Die Antwortoptionen A-D beinhalten alle mögliche Gründe für eine Beschwerde, jedoch weißt uns der letzte Satz des ersten Absatzes darauf hin, was die **minimale Beschwerdegrundlage** ist (Zeile 12 ff.). Hier steht das es ausreicht wenn: *„an industry has been injured by imports"*. Dies passt am besten zu **Antwort D**, die hier richtig ist.

Übungsaufgabe Reading Comprehension 3
Stufe: Leicht

Einstufung: Leicht

The last paragraph has which role in the passage?

(A) It summarizes the discussion and suggests further areas of research.
(B) It presents a recommendation based on the evidence presented earlier.
(C) It discusses an exceptional case in which the results expected by the author of the passage did not occur.
(D) It introduces an additional area of concern not mentioned earlier.
(E) It cites a specific example that illustrates a problem presented more generally in the previous paragraph.

Diese Frage bezieht sich auf die **Funktion**, die ein bestimmter Absatz, hier der letzte, **in dem Text übernimmt**. Wenn Sie sich beim ersten Lesen eine Sitemap, ähnlich der obigen, erstellt haben, dann sollten Sie in der Lage sein diese Frage zu beantworten ganz **ohne nochmal in den Text springen zu müssen**. Hier nochmal der Auszug zum letzten Paragraphen:

Hier können wir die Sitemap nutzen

4.Paragraph: Auch hier sagt uns der erste Satz, dass nun noch ein besonders haarsträubendes Beispiel folgt.

Zu welcher Antwortoption passt dies? Richtig, zur **Antwort E.** Antwort C bezieht sich zwar auch auf dieses Beispiel, sagt jedoch, das dieses nicht das Argument unterstütz (was es jedoch tut).

Übungsaufgabe Reading Comprehension 4

Stufe: Leicht

Einstufung: Leicht

The passage warns of which of the following risks?

(A) Corporations in the United States may receive no protection from imports unless they actively seek protection from import competition.
(B) Corporations that seek legal protection from import competition may have legal costs that far exceed any possible gain.
(C) Corporations that are United States-owned but operate globally may not be eligible for protection from import competition under the laws of the countries in which their plants operate.
(D) Corporations that are not United States-owned may seek legal protection from import competition under United States import relief laws.
(E) Corporations in the United States that import raw materials may have to pay duties on those materials.

Haben Sie herausgefunden auf **welchen Absatz sich diese Frage bezieht**? Richtig, auf den **dritten und vierten Absatz** ab Zeile 20. Falls noch genügend Zeit ist, macht es daher sicherlich Sinn zunächst nochmal den Absatz zu lesen.

Es ist in vielen Fällen unumgänglich nochmal in den Text zu springen

Versuchen Sie **zunächst eine eigene Antwort zu finden**, denn die Antworten versuchen Sie wieder auf andere Fährten zu locken. So ist zum Beispiel **Antwort A** sicherlich inhaltlich richtig, ist aber **nicht die Gefahr die der Autor im dritten Absatz beschreibt**. Im zweiten Satz des dritten Absatzes wird der Autor sehr konkret und beschreibt die Situation eines amerikanischen Unternehmens, welches im Ausland fertigen lässt und dadurch selbst von Strafzöllen betroffen wäre. Das Beispiel des **vierten Absatzes** demonstriert, dass dadurch sogar ausländische Unternehmen einen Vorteil gegenüber US-Unternehmen erlangen können. Das ist die Gefahr, vor die Textpassage warnt. **Damit bleibt Antwort D als richtige Lösung**.

Übungsaufgabe Reading Comprehension 5

Stufe: Leicht

Einstufung: Leicht

Which of the following is most likely to be true of United States trade laws according tu the text?

(A) They will eliminate the practice of "dumping" new products in the United States.
(B) They will enable producers in the United States to compete more profitably outside the United States.
(C) They will affect United States trade with Mexico more negatively than trade with other nations.
(D) Those that help one unit within a parent company will not necessarily help other units in the company.
(E) Those that are applied to global companies will accomplish their intended result.

Wenn Sie den richtigen Absatz gefunden haben ist die Beantwortung oft reicht einfach

Dies ist eine spezifische Frage und verlangt danach, nochmal **den richtigen Absatz im Text zu finden**. Der Hinweis zur Lösung verbirgt sich im zweiten Absatz genauer gesagt ab Zeile 16:

"The complexity of these relationships makes it unlikely that a system of import relief laws will meet the strategic needs of all the units under the same parent company."

Dies passt sehr gut zu **Antwort D**, die hier richtig ist. B und C gehen weit über den Text hinaus und A wird so nicht im Text gesagt (Trade laws "address" dumping "eliminate" geht deutlich weiter). E ist im Kern das Gegenteil von D und dem was eigentlich im Text steht.

Übungsaufgabe Reading Comprehension 6

Stufe: Leicht

Einstufung: Leicht

Which of the following is something that can be inferred from the text about the author believes in regard to the complaint mentioned in the last paragraph?

(A) The ITC acted unfairly toward the corporation complaining in its investigation.
(B) The complaint violated the original intent of import relief laws.
(C) The response of the ITC to the complaint provided suitable relief from unfair trade practices to the complainant.
(D) The ITC did not have access to enough information concerning the case.
(E) Each of the companies involved in the complaint acted in its own best interest.

Der Hinweis zur Lösung der Aufgabe verbirgt sich in **Zeile 20 ff.**:

"Internationalization increases the danger that foreign companies will use import relief laws against the very companies the laws were designed to protect."

Oft ist es einfacher Antwortoptionen auszuschließen

Lassen Sie uns die Antwortoptionen durchgehen:

A) Wir wissen nur, dass die ITC diesen Vorwürfen nachgegangen ist. Wir wissen nicht, wie die ITC auf die Beschwerden reagiert hat, also wissen wir auch nicht, **ob die ITC unfair** gehandelt hat. (A) **kann ausgeschlossen werden**.

B) Der Verfasser ist der Ansicht, dass die Import-Gesetze zum Schutz amerikanischer Unternehmen erlassen wurden, aber in diesem Beispiel wurden die Gesetze gegen ein amerikanisches Unternehmen eingesetzt. Daraus lässt sich schließen, dass der Verfasser der Ansicht ist, dass die Beschwerde gegen die Absicht der Einfuhrgesetze verstößt. **Option (B) sieht gut aus**.

C) Auch hier wissen wir nicht, wie die ITC auf die Beschwerde geantwortet hat, daher können wir nicht darauf schließen, was der Autor über die Antwort denken könnte. **Streichen Sie C**.

D) Wir erfahren nichts über den Zugang der ITC zu entsprechenden Informationen über den Fall, so dass wir nicht davon ausgehen können, dass der Autor dies glauben würde. **Streichen Sie D**.

E) Die Passage erwähnt nichts über die Motivation der Unternehmen, daher können wir nicht darauf schließen, was der Autor über die Motivationen der Unternehmen denkt. Wir können nur darauf schließen, was der Autor über die Beschwerde selbst denkt. Auch **(E) kann gestrichen werden**.

Es bleibt **B als richtige Lösung**. Kommen wir nun zum nächsten Text.

5.11 Reading Comprehension: Übungsaufgabe: Level mittel

Beispieltext Reading Comprehension 2

Stufe Medium

In the years between 1911 and 1931, over 11 percent of the African American population of the United States left the southern states, where the greatest portion of the Black population had been located and migrated to northern states, with the largest number moving, it is claimed, between 1917 and 1918. It has been frequently hypothesized, but not proved, that the majority of the migrants in what has come to be called the Great Migration came from rather rural areas in the South and were motivated by two coincident factors: the steady but accelerating decline of the cotton industry following the boll weevil infestation, which began in 1898, and increased demand in the North for labor following the interruption of European immigration caused by the outbreak of the First World War in 1914. This assumption has led to the conclusion that the migrants' subsequent lack of economic mobility in the North is tied to their rural background, a background that implies unfamiliarity with urban living and a lack of industrial skills.

But the question of which parts of the African American population have actually left the South has never been rigorously investigated. Although multifold investigations document an exodus from rural southern areas to southern cities prior to the Great Migration no one has considered whether the same migrants then moved on to northern cities. In 1911 over 700,000 African American workers, or roughly ten percent of the Black work force, reported themselves to be engaged in "manufacturing and mechanical pursuits," the federal census of 1910 category that at this time encompassed the entire industrial sector. The Great Migration could easily have been made up completely of this group and their families. It is perhaps surprising to argue that an employed population could be attracted to change their place of living, but an explanation lies in the labor conditions then prevalent in the South.

About thirty-six percent of the urban Black population in the South was engaged in so called skilled trades. This includes blacksmiths, masons, carpenters - which had had a monopoly of certain trades, but they were gradually being pushed out by competition, mechanization, and obsolescence. The remaining sixty-four percent, more recently urbanized, worked in newly developed industries, such as tobacco, lumber, coal and iron manufacture. The salaries in the South, however, were low, and Black workers were aware, through northern labor recruiters and the newspaper reports, that they could earn more even as unskilled workers in the North than they could as artisans in the South. After the boll weevil infestation, urban Black workers faced increasing competition from the continuing move of both Black and White rural workers to the cities, who were driven to undercut the wages formerly paid for industrial jobs. Thus, a move north would be seen as an increasingly positive change to a group that was already urbanized and steadily employed, and the easy conclusion tying their subsequent economic problems in the North to their rural background comes into question.

Übungsaufgabe Reading Comprehension 7

Stufe: Medium

Einstufung: Mittel

The main focus of this passage is to

(A) support a new alternative to an accepted methodology
(B) present evidence that resolves a contradiction in history
(C) introduce a recently discovered novel source of information
(D) challenge a widely accepted explanation
(E) argue that a discarded theory deserves new attention

Die erste Frage ist hier wieder die ***generelle Frage***, die Sie direkt nach dem ersten Lesen des Textes beantworten können sollten. Dennoch kann es bei dieser Frage auch sinnvoll sein **nochmal in den Text zu schauen**. Insbesondere der letzte Satz des Textes ist hierbei sehr aufschlussreich:

Die erste Frage beschäftigt sich meist mit der Kernaussage des Textes

"...and the easy conclusion tying their subsequent economic problems in the North to their rural background comes into question."

Die Autorin versucht in diesem Text also **eine bisherige Erklärung** für das Phänomen der Massenwanderung **zu hinterfragen**. Dies entspricht am besten der **Option D.**

Doch auch diese Frage lässt sich gut im **Ausschlussverfahren** lösen. Gehen wir dazu alle Lösungsoptionen durch. A scheidet aus, da es nicht um Methodik geht („*methodology*"). B scheidet aus, da im Text zwar widersprüchliche Erklärungsansätze dargestellt werden, diese Widersprüche jedoch nicht aufgelöst werden. Neue Quellen werden im Text nicht explizit erwähnt (C) und Option E scheidet aus, da es sich um einen neuen Erklärungsansatz handelt und nicht um eine Theorie, die bereits abgelehnt wurde.

Ausschlussverfahren kann hier auch angewendet werden.

Übungsaufgabe Reading Comprehension 8
Stufe: Medium

Einstufung: Mittel

The author states explicitly that which of the following data sources has been used in her investigation?

(A) United States Immigration Service reports from 1916 to 1931
(B) Payroll Informations of southern manufacturing firms between 1908 and 1928
(C) The aggregated volumes of cotton exports between 1888 and 1911
(D) The federal census of 1910
(E) Historic advertisements of labor recruiters appearing in southern newspapers after 1910

Dies ist eine **spezifische Frage** bei der wir die passende Textstelle finden müssen. Hierzu ist es hilfreich noch zu wissen in welchem Absatz der Autor seine eigenen Recherchen beschreibt. Richtig, dies findet sich im zweiten, oder mittleren Absatz. Der entscheidende Satz verbirgt sich in Zeile 26 ff.:

Den richtigen Textabschnitt zu finden kann zeitaufwendig sein, wenn man keine mentale Sitemap hat

„In 1911 over 700,000 African American workers, or roughly ten percent of the Black work force, reported themselves to be engaged in "manufacturing and mechanical pursuits," the federal census of 1910 category [..]"

Haben Sie das Schlüsselwort gefunden? Richtig, es ist *„the federal census"* in der Mitte des Absatzes oben. Die richtige Antwort ist **also D.** Kommen wir also schon zur nächsten Aufgabe.

Übungsaufgabe Reading Comprehension 9
Stufe: Medium

Einstufung: Mittel

In the passage, the author anticipates which of the following as a possible rejection reason to her argument?

(A) It is not known how many people actually migrated during the Great Migration.
(B) The eventual economic status of the Great Migration migrants has not been adequately reported.
(C) It is not likely that people with steady jobs would have reason to move to another area of the country.
(D) It is not correct that the term "manufacturing and mechanical pursuits" actually encompasses the entire industrial sector.
(E) Of the African American workers living in southern cities, only those in a small number of trades were threatened by obsolescence.

Auch bei dieser Frage müssen wir zunächst die **richtige Textstelle finden** und müssen hierbei gar nicht viel im Text springen, denn diese ist direkt im nächsten Satz ab Zeile 32:

„ It is perhaps surprising to argue that an employed population could be attracted to change their place of living [..]".

Dies führt uns zu **Antwort C**. Die Autorin nimmt in diesem Satz einen möglichen Einwand für Ihre Erklärung vorweg indem Sie zugibt, dass es zunächst überraschend klingt, dass ein großer Teil der Population, der in einer festen Anstellung ist dennoch bereit ist den Wohnort zu wechseln. Wir können auch hier wieder das Ausschlussverfahren anwenden. A und D stehen im direkten Widerspruch zum Text, aber sind dennoch verlockend, da Sie direkt Begriffe aus dem Text aufgreifen. B und E sind inhaltlich vielleicht richtig, stehen so jedoch nicht im Text, wir können daher nicht annehmen, dass die Autorin dies als Einwand vorwegnimmt. Nur C bietet uns einen Einwand, der direkt aus dem Text kommt.

Übungsaufgabe Reading Comprehension 10

Stufe: Medium

Einstufung: Mittel

The author cites each of the following as possible influences in a Black worker's decision to migrate north in the Great Migration EXCEPT

(A) wage levels in southern cities
(B) Newspaper reports
(C) competition from rural workers
(D) voting rights in northern states
(E) labor recruiters from the north

Um diese spezifische Frage zu beantworten müssen wir wieder **die richtige Textpassage finden**. Jedoch müssen wir dieses Mal vier Textpassagen finden und die Antwortoption, die wir nicht finden ist die gesuchte (EXEPT-Frage). Fangen wir bei A an. Fündig werden wir dieses Mal ab **Zeile 45**:

„The **salaries in the South**, however, were low [..]"

Schauen wir nun nach Option B, haben Sie die richtige Textpassage gefunden? Genau, gesucht ist einfach nur der zweite Teil dieses Satzes.

"[..] and Black workers were aware, through **northern labor recruiters** and the **newspaper reports** [..]"

Hiermit können wir also gleich zwei Antwortoptionen wegstreichen: B und E. Kommen wir nun zu Antwortoption C. Finden wir so etwas im Text? Ja, in der Tat. Gleich im nächsten Satz steht folgendes.

"[..] urban Black workers faced **increasing competition** from the continuing move of both Black and White **rural workers** to the cities[..]"

Es bleibt also nur Antwort D. Denn über die Wahlrechte wird im Text nicht gesprochen. Wenn Sie beim ersten Lesen schon einen sehr guten Überblick über den Text erreicht haben, können Sie diese Frage vielleicht sogar ganz ohne in den Text zu schauen beantworten.

Machen wir nun mit den richtig schweren Reading Comprehension Aufgaben weiter.

5.12 Reading Comprehension: Übungsaufgabe Level schwer

Beispieltext Reading Comprehension 3

Stufe Schwer

A meteor stream is a collection of dust particles that have been ejected from a parent comet at a variance of velocities. These often relatively small particles follow the same orbit as the parent comet, but due to their differing velocities they slowly overtake or fall behind the further disintegrating comet until a shroud of dust surrounds the entire cometary orbit. Astronomers and physicists have hypothesized that a meteor stream should broaden with time as the dust particles' individual orbits are increasingly influenced by planetary gravitational fields.

A recent large-scale computer-modeling experiment tested this hypothesis by documenting the influence of planetary gravitation over a simulated 5,000-year period on the positions of a fixed set of hypothetical dust particles. In this model, the dust particles were randomly distributed throughout a computer simulation of the orbit of a existing meteor stream, the Leonid. The researchers found, as expected, that the computer-model stream got broader with time. Conventional theories, however, predicted that the distribution of particles would be increasingly dense toward the middle of the meteor stream. Surprisingly, the computer-model simulated meteor stream gradually came to resemble a thick-walled, hollow pipe.

Whenever we on Earth pass through a meteor stream, a meteor shower occurs. Moving at a little over 1,500,000 miles per day around its orbit, the Earth takes, on average, just over a day to cross the hollow, computer-model Leonid stream if the stream were 5,000 years old. Two brief periods of peak meteor activity during the shower would could observed on our surface, one as the Earth entered the thick-walled "pipe" and one as it exited. There is no reason why the Earth should always pass through the stream's exact center, so the time interval between the two bursts of activity would most likely vary from one year to the next.

Have the predicted two meteor shower peaks been observed for the actual yearly Leonid pass? The Leonid data between 2010 and 2019 shows just such a bifurcation, a secondary burst of meteor activity being clearly visible at an average of 12 hours (1,200,000 miles) after the first burst. The time intervals between the bursts suggest the actual Leonid stream is about 2,500 years old.

Übungsaufgabe Reading Comprehension 11

Stufe: Schwer

Einstufung: Schwer

The primary interest of the passage is on which of the following?

(A) Comparing two scientific theories and contrasting the predictions that each would make concerning a natural phenomenon
(B) Describing a new theoretical model and noting that it explains the nature of observations made real meteor activity on earth
(C) Criticizing the results of a particular scientific experiment and suggesting new areas for research
(D) Arguing that two different natural phenomena are interrelated and demonstrating a way to combine them
(E) Analyzing recent data derived from observations of an actual meteor stream and constructing a model to explain the data

Bei der ersten Frage ist das Ausschlussverfahren am hilfreichsten

Diese erst Frage ist, wie fast immer, die *General Question* und bezieht sich auf die **Hauptaussage des Textes**. Diese Fragen lassen sich am einfachsten durch **Ausschlussverfahren** beantworten. Lassen Sie uns also zunächst die Antwortoptionen durchgehen. Ist Ihnen dabei etwas aufgefallen?

Zwei Antworten lassen sich direkt ausschließen. Auch wenn man den Text nur wenig verstanden hat, so sollte doch klar sein, dass es sich um einen wissenschaftlichen und daher aus **neutraler perspektive verfassten** Text handelt (wie fast alle Texte im GMAT). Daher können die Antworten die mit *„Criticizing"* und *„Arguing"* beginnen nicht richtig sein. Es bleiben die Optionen **A, B** und **E**. Um sich nun zwischen diesen drei Optionen zu entscheiden benötigt es einen guten Überblick über den Aufbau des Textes (hierzu wäre auch eine **Sitemap** hilfreich). In allen drei Antwortoptionen wird eine (astrologische) Beobachtung erwähnt, doch der Kontext ist sehr unterschiedlich.

Auch bei schweren Texten sollten Sie immer ein (mentale) Sitemap erstellen

In **A** werden die Vorhersagen von **zwei unterschiedlichen Theorien** für eine Beobachtung erwähnt. Im Text geht es zunächst jedoch nicht um den Vergleich von zwei Theorien. Außerdem geht es im Text nicht nur im Theorien, das Experiment und die Beobachtung selbst, die im Text ja im letzten Absatz beschrieben wird, fehlt hier. Es bleiben **B** und **E**, die sich im Wesentlichen durch die geänderte Reihenfolge unterscheiden. Im Text wird **zunächst ein Computermodell** errechnet und dieses wird dann im nächsten Schritt mit den echten **Beobachtungen** verglichen. Das Modell wurde also nicht aus den Beobachtungen errechnet wie es in E steht. **Damit bleibt B als richtige Lösung**.

Übungsaufgabe Reading Comprehension 12
Stufe: Schwer

Einstufung: Schwer

According to this text, which of the following is an accurate statement concerning meteor streams?

(A) Meteor streams and comets start out with similar orbits, but only those of meteor streams are influenced by planetary gravitation.
(B) Meteor streams grow bigger as dust particles are attracted by the gravitational fields of comets.
(C) Meteor streams consist of dust particles derived from comets.
(D) Comets may be composed of several kinds of materials, while meteor streams consist only of large dust particles.
(E) Once formed, meteor streams stop the further disintegration of comets

Nun sind wir bei den **spezifischen Fragen** angekommen. Oft (aber leider nicht immer) folgen die spezifischen Fragen **dem Ablauf der Paragrafen**. Hier ist so ein Fall, denn diese erste inhaltliche Frage zielt direkt auf den ersten Satz des ersten Absatzes ab.

"A meteor stream is a collection of dust particles that have been ejected from a parent comet at a variance of velocities"

Welcher der 5 Sätze passt inhaltlich am besten zum ersten Satz des Textes? **Richtig, nur C**. Wie Sie sehen können auch bei schweren Reading Comprehension Aufgaben die Lösungen recht einfach sein.

Achten Sie auf Trigger-Wörter wie „only"

An diesem Beispiel können wir aber noch eine weitere Strategie besprechen. Gerne nutzen die Fragenschreiber nämlich **„echte Informationen"** aus dem Text, fügen dann aber eine **absolute Aussage hinzu**, wodurch die Antwortoption falsch ist. Wie hier bei den Sätzen A und D. Achten Sie auf **Trigger-Wörter die einen absoluten Character haben** wie **„only"** (oder „always", „every", etc.). Im Text steht zwar, dass Staubpartikeln bestehen, aber es steht nicht da, dass sie **nur** daraus bestehen und auch nicht, dass sie **nur** aus großen Staubpartikeln bestehen.

Einstufung: Schwer

The research described in the first paragraph was undertaken to

(A) determine the age of a particularly interesting meteor stream
(B) identify the various structural features of meteor streams
(C) explore the nature of a particularly interesting meteor stream
(D) test the hypothesis that meteor streams become broader as they age
(E) show that computer simulations could help in explaining actual astronomical data

Übungsaufgabe Reading Comprehension 13

Stufe: Schwer

Bei dieser Frage haben wir einen klaren **Anker bereits in der Frage**: Wir bleiben im ersten Paragraphen des Texts. Doch wo verbirgt sich der Hinweis auf die Motivation für die im Text beschriebene Forschung?

Das Schlüsselwort *„experiment"* steht in **Zeile 12**. Dieses wurde durchgeführt um eine Hypothese zu testen. Welche Hypothese das ist, steht im Satz zuvor (ab **Zeile 8**).

„Astronomers have hypothesized that a meteor stream should broaden with time...".

Die Forschung wurde also durchgeführt um herauszufinden **ob Meteorströme mit der Zeit immer breiter werden**. Die richtige Antwort lautet also **D**. Die übrigen Antworten, wie z.B. Antwort E, sind inhaltlich zwar richtig, passen jedoch nicht zur Frage (Das Beispiel zeigt sicherlich, dass Computersimulationen hilfreich sind, dafür wurde das Experiment jedoch nicht durchgeführt). Sie sollten immer nochmal reflektieren, was eigentlich gefragt ist – hier die Motivation für die Forschung – und dann erst entscheiden welche Antwortoptionen in Frage kommen.

Reflektieren Sie immer nochmal was eigentlich gefragt ist

Übungsaufgabe Reading Comprehension 14
Stufe: Schwer

Einstufung: Schwer

It can be inferred from the passage that which of the following would most likely be observed on Earth during a passage through a meteor stream if the conventional theories mentioned in line 20 were correct?

(A) Meteor activity would increase to a single, intense peak, and then decline.
(B) Meteor activity would be constant throughout the period of the meteor shower.
(C) Meteor activity would rise to a peak at the beginning and at the end of the meteor shower.
(D) Random bursts of very high meteor activity would be followed by periods of very little activity.
(E) In years in which the Earth passed through only the outer areas of a meteor stream, meteor activity would be almost absent.

Das ist eine **sehr schwere Reading Comprehension Aufgabe**, die neben dem Textverständnis auch ein logisches Abstraktionsvermögen erfordert. Glücklicherweise ist dies jedoch bei Reading Comprehension Aufgaben sehr selten. Wir bekommen zumindest einen Tipp, wo wir unsere Suche starten können, in Zeile 20.

Bei sehr schweren Aufgaben kann auch eine Visualisierung helfen

Die dort beschriebene **konventionelle Theorie** besagt, dass die **Staubdichte in der Mitte des Meteorstroms zu nimmt**. Was würde nun passieren, wenn die Erde durch einen solchen Meteorstrom durchfliegt? Das folgende, stark vereinfachte, aber für diese Aufgabe vollkommen ausreichende, **Schaubild** hilft dies zu verstehen (Sie könnten ein ähnliches auf dem Schmierpapier bzw. auf dem Whiteboard erstellen).

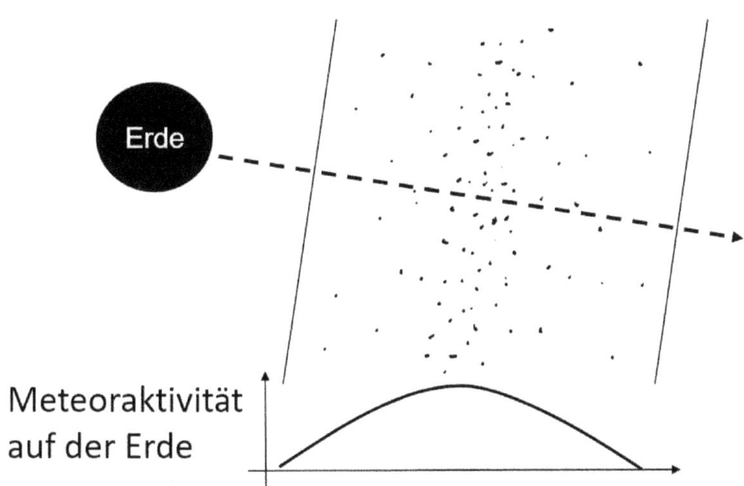

Ein stark vereinfachtes Schaubild der im Text beschriebenen Vorgänge.

Die **Antwort E** können wir aufgrund der Eingrenzung **„only"** leicht **ausschließen**. Die Antworten A-D beziehen sich alle auf die Form der Meteoraktivität in diesem Szenario. Wie man durch die Grafik leicht sieht nimmt diese zunächst zu, erreicht dann einen Höhepunkt und nimmt dann wieder ab. Wir haben also die richtige Lösung gefunden, denn das entspricht **exakt der Beschreibung in Antwortoption A**.

Kommen wir nun schon zur letzten Reading Comprehension Aufgabe.

Einstufung: Schwer

According to the text, why do the dust particles in a meteor stream eventually surround a comet's original orbit?

(A) They are released by the comet at a variety of velocities.
(B) Their orbits are influenced by planetary gravitational fields.
(C) They become part of the meteor stream at different times.
(D) Their velocity slows gradually over time.
(E) Their ejection velocity is slower than that of the comet.

Übungsaufgabe Reading Comprehension 15

Stufe: Schwer

Auch wenn dies die letzte Frage zu diesem Text ist, verbirgt sich der Schlüssel zur Lösung ganz am Anfang des Textes. Im zweiten Satz steht im Hinblick auf die Staubpartikel:

„These often relatively small particles follow the same orbit as the parent comet, but due to their differing velocities they slowly overtake or fall behind the further disintegrating comet [..]"

Das passt sehr gut zur ersten **Antwortoption A**, die hier auch die **richtige Lösung** ist. D und E besagen beide, dass die Staubpartikel nur langsamer sind, aber im Text steht relativ eindeutig, dass Sie auch schneller sein können („overtake"). C steht so nicht im Text. Antwortoptionen B steht so fast wortwörtlich im Text, bezieht sich jedoch auf die Erklärung warum ein Meteorstrom immer breiter wird. Somit kommen wir auch schon zum Ende des Kapitels Reading Comprehension und widmen uns nun dem nächsten Fragetyp.

5.13 Critical Reasoning

Nun geht es um Argumente und deren Aufbau

Bei Critical Reasoning-Fragen geht es um **Argumente**. Dieser Fragetyp testet Ihre Fähigkeit, Argumente zu **strukturieren**, zu **stärken** oder zu **schwächen**. Grundsätzlich können GMAT-Argumente dabei in drei Teile zerlegt werden:

- **Die Schlussfolgerung (Conclusion)**
  Dies ist die Idee, von der der Text Sie überzeugen will
- **Die Prämissen oder Argumente (Premises)**
  Dies sind die Beweise für die gezogene Schlussfolgerung)
- **Die Annahmen (Assumptions)**
  Dies sind die benötigten, aber im Text nicht genannten Vorrausetzungen für die Argumentation.

Versuchen Sie bei allen Argumenten den Aufbau zu verstehen

GMAT-Argumente sind normalerweise immer gleich aufgebaut: Zunächst kommen die, mit unter vielen Belege und dann folgt die Schlussfolgerung oder die Schlussfolgerung kommt vorab und es folgen die Belege. Hier ein Beispiel.

Es mangelt an Lehrern, die digitale Ausstattung ist veraltet und die Klassenräume zu klein (Premise, Premise, Premise), daher ist das Schulsystem in Deutschland gefährdet (Conclusion).

oder

Das Schulsystem in Deutschland ist gefährdet, denn es mangelt an Lehrern, die digitale Ausstattung ist veraltet und die Klassenräume zu klein.

Die Argumentation kann dabei in der Regel auf vier Arten fehlerhaft sein:

1. **Ursache-Wirkungs-Problem** (könnte es eine andere Ursache für die Wirkung geben als die genannte?)
2. **Vergleichsproblem** (sind die beiden im Text erwähnten Situationen wirklich vergleichbar?)
3. **Veränderung des Geltungsbereichs** (Unterstützen die Prämissen wirklich genau denselben Sachverhalt, der in der Schlussfolgerung verwendet wird?)
4. **Statistische Schwächen** (Basiert das Argument auf einer repräsentativen Statistik?)

Die vier wichtigsten Fehlertypen bei Argumenten

Eine Critical Reasoning Frage besteht immer aus einer **kurzen Textpassage** und einer davon abgetrennten **Frage**. Tipp: **Lesen Sie zuerst die Frage** und bestimmen Sie dann den **Fragetyp** (diese kommen gleich) und lesen Sie erst dann die Textstelle, um die Informationen zu finden, die Sie für diesen Fragetyp benötigen. Versuchen Sie schon beim Lesen des Absatzes **Schlussfolgerung von den Prämissen zu trennen** und überlegen Sie **welche Annahmen der Argumentation zu Grunde liegen**. **Finden Sie Ihre eigene Antwort auf die Frage**, bevor Sie die Antwortmöglichkeiten durchlesen (es kann sogar hilfreich sein, diese zu notieren, da das Durchlesen der Antwortmöglichkeiten Ihre Aufmerksamkeit von der richtigen Antwort ablenken könnte). Zum Schluss wählen Sie die Antwortmöglichkeit, die am besten zu Ihrer eigenen Antwort passt und inhaltlich am nächsten am Text bleibt.

Erst die Frage lesen

5.14 Fragetypen im Critical Reasoning

Im nächsten Schritt wollen wir uns nun die unterschiedlichen **Fragetypen ansehen**, die es bei GMAT Critical Reasoning Aufgaben gibt.

1) Assumption Fragen

Beispiel: Which of the following is an assumption on which the argument depends?

Bei diesem Fragetyp geht es darum **die Annahme(n)**, der Argumentation zu Grunde liegen möglichst **klar herauszuarbeiten**. Mögliche Annahmen sind:

Drei typische Arten von Annahmen in Argumenten

- **Kausale Annahmen:** Beziehen sich auf den Ursache-Wirkungs-Zusammenhang. Hilfreiche Frage: Gibt es eine andere mögliche Ursache?)
- **Analoge Annahmen**: Beziehen sich auf den Vergleich von zwei Situationen. Hilfreiche Frage: Sind die beiden Situationen vergleichbar?
- **Statistische Annahmen**: Beziehen sich auf die Verwendung von Daten. Hilfreiche Frage: Sind die Statistiken repräsentativ?

Annahmen stehen nicht im Text

Fragen Sie sich: Was muss wahr sein, damit die Schlussfolgerung gültig ist? Da die Annahme eine unbestimmte Prämisse ist (also so nicht im Text steht), ist jede Antwortmöglichkeit, **die aus dem Text stammt zwangsläufig falsch**. Die Antwort wird impliziert, nicht explizit angegeben. Eine Annahme überbrückt dabei die Lücke zwischen den angegebenen Prämissen und der Schlussfolgerung eines Arguments.

2.) Strengthen-the-argument questions/ Weaken-the-argument Fragen

Um ein Argument zu stärken oder zu schwächen brauchen Sie neue Informationen

Dies ist die einzige Art von GMAT-Frage, bei de**r zusätzliche, neue Informationen** (außerhalb der Frage) verwendet werden können. Finden Sie dazu zunächst die logische Lücke und versuchen Sie diese mit neuen Informationen zu füllen. Wenn es ihre Aufgabe ist, die Argumentation zu unterstützen, sollten Sie nach Informationen suchen, die **Exakt zu den Annahmen passen**. Handelt es sich beispielsweise um ein kausales Argument, welches Sie stärken wollen, sollten Sie eine Information finden, die eine alternative Ursache ausschließt. Ist es ihre Aufgabe das Argument zu schwächen, dann sollten sie wiederum genau nach einer solchen alternativen Ursache Ausschau halten. Seien Sie dabei nicht unvorsichtig! Falsche Antwortmöglichkeiten haben oft genau das Gegenteil der gewünschten Wirkung.

3.) Inference question

Bei Inferenzfragen ist es ihre Aufgabe eine oder mehrere **Prämissen** im Text zu **identifizieren**. Wählen Sie die **offensichtlichste Antwort** (auch wenn sie zu offensichtlich erscheint). Wichtig ist dabei nicht zu weit über den Text hinaus zu gehen. Die richtige Antwort bezieht sich immer direkt auf den Text. Normalerweise ist es eine sehr einfache Schlussfolgerung aus einer der Prämissen.

Die Lösung für Inference Fragen steht meist direkt im Text (nur mit anderen Worten)

4.) Resolve-the-paradox questions

Bei diesem Fragetyp gibt es zwei **widersprüchliche Fakten**. Ihre Aufgabe ist es die eine Antwort auszuwählen, die den Widerspruch auflöst. Die also zulässt, dass beide Fakten wahr sein können.

5.) Mimic-the-reasoning question

Bei diesem Fragetyp ist es Ihre Aufgabe eine **Argumentationskette** von einem Themengebiet auf ein ganz anderes Themengebiet **zu übertragen**. Vereinfachen Sie hierzu die Argumentation, z. B. wenn A dann B, und versuchen Sie dann, die gleiche Argumentationsstruktur unter den Antwortmöglichkeiten zu finden.

Übertragen geht durch Abstraktion am einfachsten

5.15 Critical Reasoning: Übungsaufgaben Level leicht

Starten wir nun mit Übungsaufgaben für Critical Reasoning. Los geht es wie immer mit leichten Aufgaben. Auch hier sollten Sie **ca. 1:30 Minuten pro Aufgabe einplanen**, um etwas Zeit für Reading Comprehension Aufgaben aufzusparen. Los geht es mit der ersten einfachen Aufgabe.

Critical Reasoning Übungsaufgabe 1

Level: Leicht

Einstufung: leicht

A clothing company's collection for women utilizing new soft fabrics broke all sales records last year. To capitalize on it's success, the company plans to launch a line of clothing for men this year that makes use of the same new soft fabrics.

The clothing company's plan assumes that

(A) other clothing companies are not planning to introduce new lines for men utilizing the same soft fabrics
(B) men will be as interested in the new soft fabrics as women were the year before
(C) the company will have sufficient time to develop newlines for both men and women
(D) the line for men will be considered innovative and daring because of its use of fabrics
(E) women who bought the new line last year will continue to buy it this year

Hier ist nach der Annahme (assumption) gefragt, die so nicht explizit im Text steht

Haben Sie den **Fragetyp erkannt**? Die Frage beinhaltet „assumes", daher handelt es sich um eine **Assumption Frage.** Was ist nun die Voraussetzung auf der diese Argumentation beruht? Lassen Sie uns dazu zunächst nochmal die Argumente betrachten. Im Text steht, dass die Kollektion mit dem neuen, besonders weichen, Stoff **bei den Damen alle Verkaufsrekorde gebrochen hat** (Argument), daher wird die Firma diesen neuen, besonders weichen, Stoff auch **bei den Herren einsetzen** und auf diesem Erfolg aufbauen (Schlussfolgerung bzw. Fazit). **Doch was ist die Voraussetzung, dass dies so passiert?** Richtig, dass Männer diesen neuen, besonders weichen, Stoff genauso mögen wie Frauen. **Antwort B ist also die richtige Lösung**. Wenn man die vier anderen Antwortoptionen liest, stellt man fest, dass alle für sich genommen inhaltlich Sinn ergeben, aber schlicht nicht zur Frage passen, bzw. inhaltlich zu weit von dem oben beschriebenen Originalargument entfernt sind.

Kommen wir nun zur nächsten Frage.

Critical Reasoning Übungsaufgabe 2

Level: Leicht

Einstufung: leicht

An winemaker who sells his wine for a fixed price per bottle decides that he must increase his income. Because he does not believe that customers will pay more for his wine, he decides to cut costs by using cheaper grapes. He expects that, by cutting costs, he will increase his profit margin per bottle of wine and thus increase his annual net income.

Which of the following, if true, most weakens the argument above?

(A) Other area winemaker charge more for their wine than the winemaker charges for his.
(B) The winemaker has failed to consider other options, such as cheaper production processes
(C) The winemaker's plan will result in the production of inferior wine which, in turn, will cause a reduction in sales.
(D) If the economy were to enter a period of inflation, the winemaker's projected increase in income could be wiped out by increases in the price of grapes and other supplies.
(E) The winemaker considered trying to produce more wine per pound of grapes and thus increase productivity, but concluded that it would be impossible.

Hier ist es unsere Aufgabe das Argument zu schwächen.

Haben Sie den **Fragetyp** erkannt? Dies ist eine **Weaken-the-argument Frage**. Bei diesem Fragetyp ist es wieder unsere Aufgabe, **die Voraussetzung** zu finden, die dieser Argumentation zugrunde liegt. Damit sind wir jedoch dieses Mal noch nicht fertig, denn wir müssen dann noch die Information finden, die diese Voraussetzung **widerlegt und damit das (Original-)Argument schwächt**.

Das klingt nun sehr theoretisch, lassen Sie es uns daher nun konkret machen. Der Absatz besagt, dass der **Winzer günstigere Trauben verwenden will (Argument)** und sich dadurch sein **Jahreseinkommen steigern wird (Fazit)**. Was ist die **Voraussetzung** dafür, dass das so eintritt? Richtig, **die Absatzmenge muss gleichbleiben**. Denn nur unter dieser Voraussetzung wird der Winzer durch günstigere Trauben sein

Jahreseinkommen steigern. Genau das stellt die **Information in C in Frage**. Wenn durch die günstigeren Trauben am Ende weniger Wein verkauft wird **schwächt dies das Hauptargument am stärksten**.

Auf das Jahreseinkommen des Winzers haben natürlich auch noch **viele weitere Faktoren einen Einfluss**, wie zum Beispiel die Effizienz (Antwort B) oder auch ob es eine Inflation gibt (Antwort D). All diese Aspekte gehen jedoch **viel zu weit über den Originaltext hinaus**, denn in diesem wird ja nur von Einkaufspreis und Jahreseinkommen gesprochen. Versuchen Sie immer **so nah wie möglich am Originalargument zu bleiben**.

Lassen Sie sich nicht ablenken, alle falschen Lösungen versuchen Ihre Aufmerksamkeit zu erhaschen

Kommen wir nun schon zu den mittelschweren Aufgaben, versuchen Sie auch dies in 1:30 Minuten zu lösen.

5.16 Critical Reasoning: Übungsaufgaben Level mittel

Critical Reasoning Übungsaufgabe 3

Level: Mittel

Einstufung: Mittel

Although the mathematical validity of the laws of probability is indisputable, most people do not trust the dictates of these laws. Even among people who claim to have studied probability theory, for instance, a majority express a greater fear of flying on commercial airlines than of driving an automobile on our nation's highways, despite the fact that the probability that one would suffer an automobile-related death or injury by choosing to drive is more than twenty times the probability of an airline-related death or injury if one chooses to fly.

Which one of the following, if true, provides the best explanation for people's mistrust of the laws of probability in the case described above?

(A) complete understanding of the laws of probability requires a thorough knowledge of advanced statistical analysis techniques.
(B) People who studied probability theory in an academic environment may be ill equipped to apply that knowledge to real-world situations.
(C) People tend to suspend their belief in probability when they feel somewhat in control of their own fate.
(D) The probability of automobile-related injury or death is not significant enough to dissuade many people from driving.
(E) The greatest risk to the individual driver in terms of automobile-related injuries or fatalities are the actions of the other drivers on the road

Dieser Text ist nun schon deutlich länger. Denken Sie daran zunächst die Frage und dann den Text zu lesen. Haben Sie den **Fragetyp** erkannt?

Richtig, es handelt sich um eine **Resolve-the-paradox Frage.** Das bedeutet, dass sich im Text ein **Widerspruch** befindet und wir das Stück Information suchen, dass diesen **Widerspruch am besten auflöst** bzw. erklärt. Der im Text beschriebene Widerspruch ist Ihnen wahrscheinlich bekannt: Auch, wenn wir wissen, dass Fliegen rein statistisch gesehen viel sicherer als Autofahren ist, verspüren die meisten doch beim

Fliegen deutlich mehr Angst. Welche **Information könnte diesen Widerspruch erklären**?

Welcher nicht genannte Unterschied könnte den Widerspruch erklären?

Genau, **Antwort C** liefert uns den entscheidenden Hinweis, denn am Ende ist es das **Gefühl der Kontrolle**, dass Sicherheit vermittelt. Weil man am Steuer des eigenen PKW vermeintlich alles unter Kontrolle hat fühlt man sich sicherer. Eine hilfreiche Frage ist hier ganz allgemein: Welcher Aspekt unterscheidet sich in beiden Situationen, der jedoch im Text nicht genannt wird? Hier ist die gefühlte Kontrolle in beiden Situationen sicherlich der größte Unterschied.

Auch hier versuchen uns die **weiteren Lösungsoptionen** mit in sich schlüssigen Argumenten **vom Weg ab zu bringen**. Option A, B und D versuchen alle die Daten selbst, bzw. deren Verständnis in den Mittelpunkt zu stellen. Doch hier verbirgt sich nicht der Unterschied, denn die Daten sind sehr offensichtlich (und nein, man muss nicht Statistik studieren um zu wissen, dass Auto fahren gefährlicher ist als Fliegen). Interessant ist insbesondere Option E, die den Widerspruch noch verstärkt und ihnen dabei wahrscheinlich einen Gedanklichen Knoten (mehr) verursacht hat.

Critical Reasoning Übungsaufgabe 4

Level: Mittel

Einstufung: Mittel

A factory in Indonesia has two options to improve efficiency: adding a new robotic assembly line and developing a new packaging process, which reduces material consumption. Adding the robotic assembly line will improve efficiency more than the new packaging process. Therefore, by adding robotic assembly lines, the factory will be doing the most that can be done to improve efficiency.

Which of the following is an assumption on which the argument depends?

(A) Adding robotic assembly lines will be more expensive than developing a new packaging process.
(B) The factory has a choice of robotic assembly lines, some of which might be better suited to this factory than others.
(C) The factory may or may not decide to choose either alternative.
(D) Efficiency cannot be improved more by using both methods together than by adding robotic assembly lines alone.
(E) This particular factory is already the third most efficient factory in Indonesia.

Hier haben wir wieder eine klassische **Assumption Frage.** Was ist nun die Voraussetzung auf der diese Argumentation beruht? Lassen Sie uns dazu zunächst nochmal die Argumente betrachten. Die Firma hat zwei Optionen, die Effizienz zu steigern: Roboter oder ein neuer Verpackungsprozess. Lassen Sie uns die Situation mit einem **einfachen Beispiel** etwas greifbarer machen.

Roboter steigern die Effizienz mehr, sagen wir Beispielsweise um 20%, im Vergleich zu dem neuen Verpackungsprozess, der die Effizienz um sagen wir Beispielsweise 15% steigert. Daher sind Roboter das beste (Achtung: Superlativ) was die Firma tun kann um die Effizienz zu steigern.

Auch bei Critical Reasoning Aufgaben könnnen wir *Plugging-In* verwenden und einfach Zahlen einsetzen

Was ist nun die **Vorrausetzung, dass man diesen Superlativ so stehen lassen kann?** Nun, wir wollen natürlich **nichts Neues** in das Argument einführen, sondern möglichst eng an diesem Argument bleiben. Was man aber natürlich prüfen sollte ist, ob man nicht beides **kombiniert einsetzen kann** um die Effizienz um beispielsweise 21% zu steigern.

Nur wenn dies nicht möglich ist, dann ist die Voraussetzung erfüllt um zu sagen, dass Roboter das beste sind, was getan werden kann. **Die richtige Antwort ist also D**.

Einstufung: Mittel

A new weight-loss drug causes the loss of body fat in all patients who take the drug. In those same subjects, however, the drug also causes the loss of moderate quantities of lean body mass, where "lean body mass" refers to all body mass other than body fat.

Which of the following statements can be properly inferred from the information in the passage above?

A) Patients taking the new weight-loss drug will not necessarily experience a decrease in their overall percentage of body fat
B) The body weight of patients taking the new weight-loss drug will not necessarily decrease.
C) The new weight-loss drug contains no chemical that exclusively targets the body's fat cells.
D) Users of the new weight-loss drug should exercise in order to maintain their current levels of lean body mass.
E) The new drug catalyzes the loss of body fat and the loss of lean body mass via similar mechanisms.

Critical Reasoning Übungsaufgabe 5

Level: Mittel

Haben Sie den Fragetyp erkannt? Richtig, es handelt sich um eine **Inference Frage**. Es geht also darum eine Aussage zu finden die sich so möglichst direkt aus dem Text ergibt und dabei auch möglichst nahe am Inhalt des Textes bleibt.

Schauen wir uns daher zunächst die Argumentation im Text an.

Das neue Mittel zur Gewichtsabnahme bewirkt einen Verlust an Körperfett (Argument 1) sowie gleichzeitig einen Verlust von „lean body mass" (Argument 2). Dies ist definiert als die Körpermaße abzüglich Körperfett.

Da wir ja nicht das Themengebiet dieser Argumente verlassen wollen, können wir **3 Antworten direkt ausschließen**, da sie jeweils **neue Aspekte** einführen: Antwort C (Chemikalien), Antwort D (Sport) und Antwort E (Wirkungsweise des Mittels).

Antwort B stimmt nicht mit dem Text überein, da alle Patienten abgenommen haben. Das bedeutet es bleibt **nur Antwort A** übrig. Da die Patienten sowohl Körperfett verlieren als auch andere Arten von Körpermaße kann es sein, dass sich der Körperfettanteil der Patienten durch das Mittel nicht ändert.

Nun kommen wir schon zu den schweren Critical Reasoning Aufgaben, also den Fragetypen, die Sie lösen können müssen, wenn Sie 650 Punkte und mehr anpeilen.

5.17 Critical Reasoning: Übungsaufgaben Level schwer

Critical Reasoning Übungsaufgabe 6

Level: Schwer

Einstufung: Schwer

A newly discovered heart disease is thought to be caused by a certain bacterium. However, recently released data notes that the bacterium thrives in the presence of a certain enzyme, implying that it is actually the enzyme that causes the new disease.

Which of the following pieces of evidence would most support the data's implication?

(A) In the absence of the enzyme, the disease has been observed to follow infection by the bacterium.
(B) The enzyme has been shown to aid the growth of bacterium, a process which often leads to the onset of the disease.
(C) The enzyme alone has been observed in many cases of the disease.
(D) In cases where the disease does not develop, infection by the bacterium is usually preceded by infection by the enzyme.
(E) Onset of the disease usually follows infection by both the enzyme and the bacterium.

Dieser Text ist nun schon deutlich schwerer zu verstehen. Denken Sie daran zunächst die Frage und dann den Text zu lesen. Haben Sie den **Fragetyp** erkannt? Es handelt sich um eine **Strengthen-the-argument Frage**. Unsere Aufgabe ist es daher das Stück Information zu finden, welches die Argumentation am stärksten unterstützt. Bei dem Argument geht es um einen **Kausalen Zusammenhang zwischen einem Bakterium und einer Herzkrankheit**. Dabei soll es sich jedoch um eine sogenannte Scheinkorellation handeln, das bedeutet, dass zwar das Bakterium meist zusammen mit der Herzkrankheit auftritt, jedoch beides durch einen dritten Faktor (hier ein Enzym) ausgelöst wird. **Die folgende Grafik** soll dies nochmal verdeutlichen.

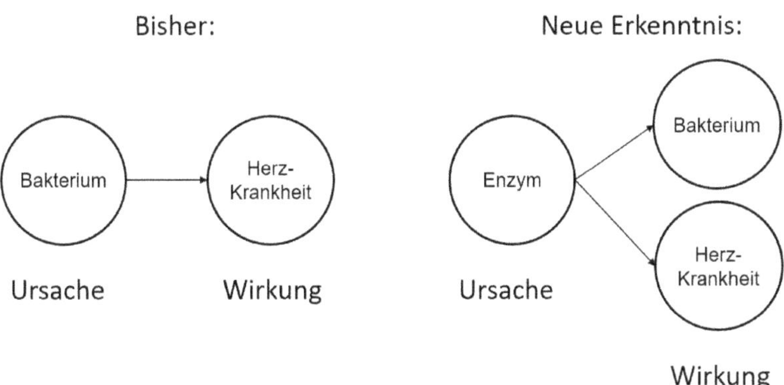

Manchmal ist ein kleine Visualisierung sehr hilfreich

Welche Information würde diese **neue Erkenntnis am meisten unterstützen?** Nun, wenn es Patienten mit dieser Herzkrankheit gäbe bei denen nur das Enzym gefunden wird und nicht das Bakterium, dann wäre damit die alte These widerlegt (im Schaubild links). **Antwort C ist daher richtig**. Die Folgende Grafik enthält zur Verdeutlichung nochmal alle Antwortmöglichkeiten im selben Schema:

Im GMAT haben Sie sicherlich nicht die Zeit für solche Grafiken, ein Buchstabe und ein Pfeil können meist auch schon helfen.

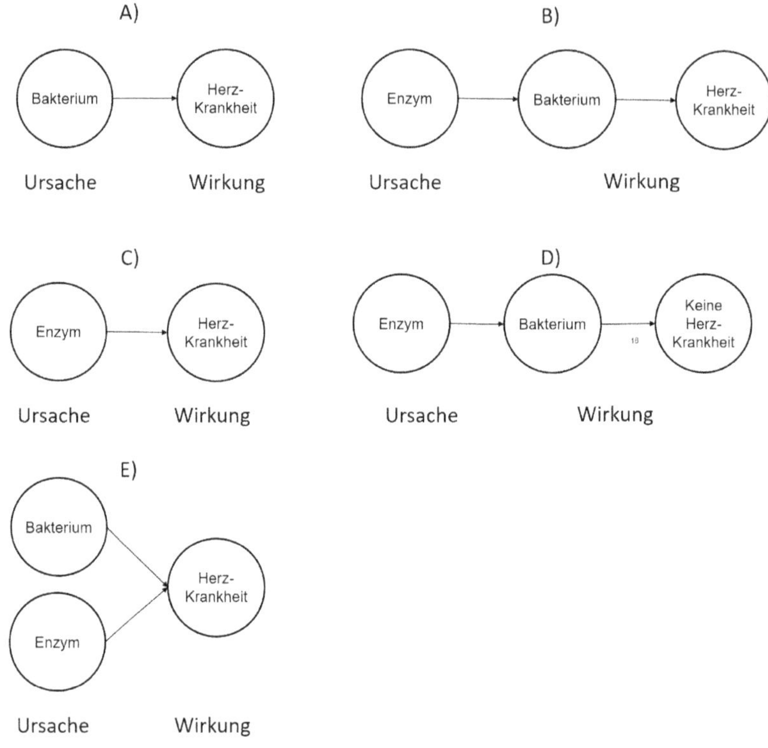

In dieser Übersicht wird schnell klar, dass nur C tatsächlich den gesuchten **Zusammenhang zwischen Enzym und Herzkrankheit** belegen kann.

Weiter geht es auch schon zur letzten Critical Reasoning Aufgabe.

Critical Reasoning Übungsaufgabe 7

Level: Schwer

Einstufung: Schwer

A bodybuilder can lift more than 200 pounds of weight. Therefore, if a person cannot lift 200 pounds, he or she is not a bodybuilder.

Which of the following most closely parallels the reasoning used in the argument above?

(A) An orange ripens only on the vine. If it ripens on the vine, then it is not an orange.

(B) Newspapers are often read by more than one person. Therefore, magazines are also likely to be read by more than one person.

(C) An earthquake of 5.0 or above on the Richter scale causes massive damage. If there is not massive damage, then the earthquake did not attain a 5.0 or above.

(D) A supersonic plane travels at speeds in excess of Mach 1. If it is not supersonic, then it will travel at speeds below Mach 1.

(E) Fluoride generally prevents cavities. If there are no cavities, then there was no fluoride used

Haben Sie den Fragetyp erkannt? Es handelt sich um eine **Mimic-the-reasoning Frage**. Bei diesem Fragetyp ist es unsere Aufgabe, die Argumentation **von einem Themengebiet auf ein anderes zu Übertragen**. Dies klappt am besten durch **Abstraktion**. Versuchen wir zunächst das Original-Argument durch Variablen darzustellen.

Abstraktion kling abstrakt? Keine Sorge, hier nun Schritt-für-Schritt erläutert

„A bodybuilder" wird zu A, „can lift more than 200 pounds"

Dadurch ergibt sich:

Wenn A dann B. Wenn nicht B, dann nicht A.

Mit derselben Logik müssen wir nun die Antwortmöglichkeiten abstrahieren. Dies ergibt:

A) Wenn A dann nur B. Wenn B, dann nicht A.

B) Wenn A dann B. Daher wenn C dann auch B.

C) Wenn A dann B. Wenn nicht B, dann nicht A

D) Wenn A dann B. Wenn nicht A, dann nicht B

E) A verhindert B. Wenn kein B, dann kein A.

Idealerweise schaffen Sie dies mit etwas Übung im Kopf

Haben Sie es erkannt? Genau, **bei Antwort C stimmt die Argumentation exakt überein**. Ein Erdbeben über 5 auf der Richter Skala (A) verursacht massive Schäden (B). Wenn es keine Schäden gibt (Wenn nicht B) dann war es kein Erdbeben über 5 auf der Richter Skala (dann nicht A).

Damit sind wir auch schon am **Ende der Übungsaufgaben zu Critical Reasoning** angekommen und Sie haben nun bereits alle Fragetypen durchgearbeitet, die Sie für einen hohen Total Score (200-800) benötigen. Die nächsten zwei Kapitel beschäftigen sich nun noch mit den zusätzlich gewerteten Teilen **Integrated Reasoning und Analytic Wirting Assignement** (Das Essay).

Glückwunsch, das wichtigste haben Sie schon geschafft!

6 Integrated Reasoning

Integrated Reasoning wurde 2014 nachträglich eingeführt und dafür ein (bis dato zweites) Essay gestrichen

Integrated Reasoning ist ein noch relativ neuer Abschnitt im GMAT, bei dem Ihre Fähigkeit geprüft wird, verschiedene **Informationsquellen zu kombinieren** und auf der Grundlage dieser Informationen **Schlussfolgerungen zu ziehen**. Da der GMAT seit den 80er Jahren inhaltlich fast unverändert ist, stand der Test immer wieder in der Kritik nicht genügend die Fähigkeiten und Kompetenzen in einer zunehmend digitalen Welt zu prüfen. Dieser Teil ist als **Erweiterung des GMAT gedacht**, und soll genau diese Aspekte testen.

Um die Vergleichbarkeit mit früheren Testergebnissen jedoch nicht zu erschweren, wird das Ergebnis dieses Testteils mit einer **separaten Integrated Reasoning (IR) Score ausgegeben**. Die Beantwortung dieser Testfragen hat also **keinerlei Einfluss auf die Total Score von 200 – 800**.

Prüfen Sie zunächst ob dieser Test-Teil für Sie relevant ist (meist ist er das nicht)

Die IR Score findet bisher in der Praxis nur **wenig Beachtung bei der Zulassungsentscheidung**. Daher wird der Vorbereitung auf diesen Testteil oft wenig Aufmerksamkeit geschenkt. Dies ist natürlich nachvollziehbar und auch richtig, da so mehr Vorbereitungszeit für die relevanteren Teile des GMATs bleiben.

Um ganz sicher zu gehen, lohnt es sich jedoch **bei der persönlichen Auswahl an Universitäten anzufragen ob dieser Score dort in die Auswahl mit einfließt**. Bei den meisten Universitäten in Europa ist dies derzeit nicht der Fall. Auch ist aktuell nach wie vor kein Trend erkennbar, dass dies Test-Score an Relevanz gewinnt.

6.1 Generelle Tipps für Integrated Reasoning

Da der Integrated Reasoning Teil als eigenständiger, neuer Bestandteil des GMAT Entwickelt wurde hat er **wenig mit dem übrigen Test gemein** und es lohnt sich daher, dass wir uns zunächst mit den Besonderheiten dieses Testteils vertraut machen.

Wissenswertes über Integrated Reasoning:

Die wichtigsten Besonderheiten von Integrated Reasoning

- Sie haben 30 Minuten Zeit, um 12 Fragen zu beantworten.
- Das Antwortformat weicht bei einigen Fragen vom gewohnten 5-Antworten-Schema ab
- Oft sind mehrere Antwortmöglichkeiten (bis zu 3) für eine einzige Frage auszuwählen. Hierbei gibt es keine Teilpunkte. Beispiel: Wenn Sie bei einer Mehrfachfrage ein Kästchen falsch ankreuzen, erhalten Sie keine Punkte für die beiden richtig angekreuzten Kästchen.
- Sie müssen jede Frage beantworten, bevor Sie weitermachen können.
- Sobald Sie eine Frage beantwortet haben, können Sie nicht mehr zu ihr zurückkehren.
- Für diesen Abschnitt gibt es einen Taschenrechner auf dem Bildschirm (aber nicht für den Rest den Tests!)
- Der IR-Teil ist nicht computergesteuert. Ihnen werden nach dem Zufallsprinzip 12 Fragen als Gruppe zugewiesen, und Sie durchlaufen diese Reihenfolge unabhängig davon, ob Sie die Fragen richtig oder falsch beantworten.
- Die IR-Punktzahl ist eine ganze Zahl zwischen 1 und 8.

Im nächsten Schritt wollen wir uns nun die **einzelnen Fragetypen** näher ansehen.

6.2 Multi-Source Reasoning

Wer Tabellenblätter in Excel kennt, hat das Prinzip schon einmal kennen gelernt

Bei Multi-Source-Reasoning geht es darum, dass auf **verschiedenen Karten**, die Sie jedoch **nicht alle gleichzeitig sehen können** Informationen verteilt sind. Dies ist vergleichbar mit Tabellenblättern in Excel oder Tabs in einem Browser. Die Herausforderung dabei ist zu erkennen, **welche Daten Sie zur Beantwortung der Frage benötigen**.

Der Aufbau ist wieder ein **Split-Screen**: Auf der linken Seite befindet sich ein Fenster mit drei anklickbaren Karten. Auf der rechten Seite sehen Sie die Fragen. Sie sehen **immer nur eine Frage auf einmal** und können nicht mehr zurückgehen, sobald Sie Ihre Antwort auf eine Frage abgeschickt haben. Bei Multi-Source-Reasoning gibt es **zwei Arten von Fragen**:

Bei Integrated Reasoning gibt es neue Antwortoptionen neben

- Gewöhnliche **Multiple-Choice-Fragen mit fünf Antwortmöglichkeiten**, genau wie bei den restlichen GMAT-Fragen.
- **Multiple Dichotomous Choice:** Hierbei gibt es drei einzelne Fragen mit jeweils **zwei Antwortmöglichkeiten** (dichotom), aus denen gewählt werden kann (z. B. "wahr/falsch").

Hier nachfolgend ein Beispiel wie ein Multiple Dichotomous Choice Fragenblock aussehen könnte.

Beispiel Multiple Dichotomous Choice Fragenblock

	Wahr	Falsch
Teilfrage 1	o	o
Teilfrage 2	o	o
Teilfrage 3	o	o

Wichtig dabei ist, dass es keine Teilpunkte gibt. Das bedeutet, dass die Frage nur als richtig gezählt wird wenn alle drei Teilfragen richtig beantwortet wurden.

Versuchen Sie auch hier eine (mentale) Sitemap zu erstellen

Kommen wir nun zu den **Strategien für Multi-Source-Reasoning**. Versuchen Sie beim **ersten, schnellen Lesen der drei Karten eine mentale Sitemap zu erstellen**. Das Ziel dabei ist es Informationen einer Karte zuzuordnen, nicht alle Informationen auswendig zu lernen (Sie müssen wissen, wo Sie die Informationen nach dem ersten Lesen finden, das ist alles). Achten Sie darauf, zu unterscheiden, **was wahr sein muss und was wahr sein könnte**. Dies wird bei diesem Aufgabentyp häufig getestet. Vergewissern Sie sich, dass Sie die Antwort auf jede Frage mit konkreten Informationen auf den Karten überprüfen.

6.3 Multi-Source Reasoning Übungsaufgaben

Im Folgenden können Sie die Strategien **an einem Beispiel für eine Multi-Source-Reasoning Aufgaben üben**. Sie sollten jedoch beachten, dass Sie im echten GMAT immer nur eine Karte sehen können.

A certain organization has explicit rules for promotions and appointments. There are five salary grades: A, B, C, D and E with A being the highest. Three extracts from the rules are given.

Multi-Source Reasoning Übungsaufgabe

Promotion from Grade D to Grade C

- Promotion is automatic if the employee has spent five years at Grade D **and** there are no adverse reports about him or her **and** his or her age is above 35
- Promotion cannot be allowed if less than two years have been spent at Grade D
- The age restriction can be relaxed if two or three members of the promotion committee recommend the person strongly
- New entrants to the organization cannot be taken in at Grade C

Promotion from Grade C to Grade B

- Promotion from C to B can only be considered if more than three years have been spent at Grade C
- The employee must have two or three strong recommendations from senior persons at salary level A
- Age must be above 35
- New entrants are not normally taken at this level, but exceptions can be made if there is no internal candidate for promotion

Promotion from Grade B to Grade A

- The candidate must be above 38
- Must have three strong recommendations from persons who have been at grade A for more than two years
- The candidate will normally have been at Grade B for at least two years
- New entrants at this level can be considered depending on the requirements of the organization

Neben diesen drei Karten, von denen Sie, wie gesagt, immer nur eine gleichzeitig sehen können, sehen Sie rechts auf dem Bildschirm immer schon die erste Frage.

Multi-Source Reasoning Übungsaufgabe

Frage 1

Question 1:
Using all the information provided, answer the questions with either yes or no.

Yes	No	
○	○	Nina joined the company at Grade D when she was 28. Three years later she has applied for promotion to Grade C. Is it possible that she will be promoted?
○	○	Peter has never worked with the company. He is 35 years old. Can we conclude that the only possible level at which he can enter the organization is at Grade B?
○	○	Carl was promoted from Grade C to Grade B based on two strong recommendations from senior persons at the top salary level. Is this possible?

Versuchen Sie zu unterscheiden was wahr sein muss und was wahr sein kann

Bei dieser Aufgabe geht es darum **herauszufinden was wahr ist, was wahr sein muss** und **was möglich wäre**. Fangen wir mit der ersten Aussage an. Obwohl Sally jetzt 31 Jahre alt ist, könnte sie in die Besoldungsgruppe C aufsteigen, wenn sie **zwei gute Empfehlungen** erhält, denn sie hat bereits **zwei Jahre** in der Besoldungsgruppe D verbracht. **Wir wissen nicht, ob sie diese Kriterien erfüllt**, aber andererseits können wir nicht sicher sein, dass sie es nicht tut. **Es bleibt also möglich** (aber nicht sicher), dass sie befördert wird. Die Antwort lautet also „**Yes**".

Kommen wir zur **Aussage 2**. Wir wissen, dass er nicht in Besoldungsgruppe A eintreten kann, da er zu jung ist. Wir wissen, dass er nicht in C aufgenommen werden kann, da er ein Neueinsteiger ist. **Er könnte bei B aufgenommen werden**, wenn er die Kriterien erfüllt. Wir haben jedoch keine Informationen darüber, **ob er in D oder sogar in E aufgenommen werden könnte**. Die Antwort lautet also „**No**".

Bei **Aussage 3** ist die Lage etwas einfacher. Auf Karte 2 zweiter Aufzählungspunkt ist genau dieser Fall beschrieben, die Antwort lautet also „**Yes**".

Die Fragen wechseln durch, die 3 Karten bleiben

Kommen wir zur Frage 2, die sich auf die gleichen drei Karten bezieht. Diese können Sie also zur Beantwortung weiterhin lesen. Sie sollten jedoch beachten, dass Sie im echten GMAT immer nur eine Karte sehen können.

Multi-Source Reasoning Übungsaufgabe

Frage 2

Question 2:
For any employee joining the organization at age 24 at Grade D, what is the minimum number of years before he or she can reach Grade A. (Assume that the employee is in continuous employment, i.e. does not leave and rejoin at a later date)

A. 14
B. 9
C. 8
D. 7
E. 5

Diese Aufgabe **sieht auf den ersten Blick sehr einfach aus**, hat aber einen kleinen Kniff. Die Mindestzeit, um von D nach A zu gelangen, beträgt 7 Jahre, jedoch **vorausgesetzt, die Alterskriterien werden erfüllt**. Da diese Arbeitnehmerin im Alter von 24 Jahren eintritt und das Eintrittsalter für die Besoldungsgruppe A **38 Jahre** beträgt, dauert es **14 Jahre**, bis sie sich qualifiziert. **Antwortoption A ist richtig**.

6.4 Table Analysis

Table Analysis soll prüfen ob Sie mit **Daten in Tabellenform** sicher umgehen können und ob Sie einer solchen, digitalen Tabelle dabei die **richtigen Informationen** entnehmen können. Auf der linken Seite des Bildschirms sehen Sie dabei eine "sortierbare" Tabelle. Die Tabelle hat mehrere Spalten, und Sie können **nach jeder Spalte sortieren**, so dass die Spalte in aufsteigender oder absteigender Reihenfolge angezeigt wird. Dabei werden jedoch (wie zum Beispiel in Excel) **automatisch auch die anderen Spalten entsprechend umsortiert**. Normalerweise gibt es vor oder nach der Tabelle **zusätzliche verbale Informationen**, die etwas über die Tabelle beschreiben oder verdeutlichen. Bei diesem Typ werden **ausschließlich** die im vorigen Kapitel beschriebener **Multiple Dichotomous Choice**-Fragen verwendet.

Table Analysis testet den sicheren Umgang mit Excel und Co.

Kommen wir nun zu einigen **nützliche Strategien** für Table Analysis:

Versuchen Sie zunächst die **Art der Zahlen** in jeder Spalte und **ihre Beziehung zueinander** zu verstehen. Einige Spaltenüberschriften enthalten völlig selbstverständliche Beschreibungen, aber wenn begleitender Text erscheint, sollten Sie diesen sorgfältig lesen, um die genaue Bedeutung dieser Spalten zu verstehen. Normalerweise gibt es vor oder nach der Tabelle zusätzliche Informationen, die etwas über die Tabelle beschreiben oder verdeutlichen.

Klären Sie für jede Spalte was die jeweiligen Werte bedeuten

Manchmal wird Ihnen zusätzlich zum numerischen Wert einer Variablen auch **der Rang** jeder Zeile in Bezug auf diese Variable angegeben. Dieser Rang gibt zwar die **relative Position** eines Wertes zu einem anderen an, sagt aber nichts üben die Abstände zwischen den Werten aus. Bei Rängen im Sport wissen wir zum Beispiel nicht wie weit der oder die erste vom Zweitplatzierten entfernt ist. Das Ergebnis könnte denkbar knapp ausgefallen sein, es könnte jedoch auch sein, dass ein sehr großer Abstand zwischen Erst- und Zweitplatzierten bestanden hat. Auch hierbei geht es wieder darum, klar abzugrenzen, was wahr sein muss und was wahr sein kann.

Ränge sagen nichts über Abstände aus

Kommen wir nun zu einem praktischen Beispiel.

6.5 Table Analysis Übungsaufgaben

Beachten Sie bei der folgenden **Beispiel-Aufgabe für Table-Analysis**, dass Sie normalerweise die Spalten beliebig auf- bzw. absteigend umsortieren könnten. Diese Aufgabe ist jedoch so gewählt, dass sie auch ohne diese Umsortierung beantwortbar ist.

Table-Analysis Übungsaufgabe

Percentage of population visiting selected cultural institution in 2012, Ranking of Countries based on their spending on museums

Country	Public Library	Natural history museum	Technol ogy museum	Rank ing Country spending on museums
Russia	15	4	5	2
Brazil	25	5	8	5
German y	35	20	18	3
South Korea	35	30	10	18
Sweden	41	13	19	14
Japan	48	20	12	5
US	65	27	26	1

Table-Analysis Übungsaufgabe

Frage 1

For each of the following statements select *Would help to explain*, if it would, if true, help to explain the information in the table. Otherwise select *Would not explain*.

Would help to explain	*Would not explain*	
○	○	The proportion of the population of Brazil that lives within close proximity to at least one museum is larger than that of Russia
○	○	Of the countries in the table, the three that spend the most money to promote their technology museums are also those in which science is most highly valued
○	○	In total, Sweden spends less than half as much on museums than Russia, yet in Sweden the population lives on average 3 times closer to a museum than in Russia

Um diese Frage zu beantworten, sollten Sie zunächst die **Beschreibung zu der Tabelle** lesen: Die erste Spalte enthält die Namen der verschiedenen Länder, während die nächsten Spalten den prozentualen Anteil der Bevölkerung angeben, der im vergangenen Jahr eine Bibliothek, einen Zoo oder ein Aquarium besucht hat. Die Frage fordert Sie auf, zu beurteilen, **ob einige Informationen für die Erklärung** der Unterschiede zwischen den Ländern in der Tabelle **relevant sind** oder nicht. Hierzu ist folgende Leitfrage hilfreich:

Immer erst die Beschreibung der Tabelle lesen

> Wenn ich die Informationen aus dieser Tabelle nutze, hilft mir dies dann zu erklären, warum das Land X einen höheren/niedrigeren Prozentsatz als das Land Y hat?

Betrachten wir zunächst das **Statement 1**. Der Anteil der Bevölkerung Brasiliens, der in unmittelbarer Nähe mindestens eines Museums lebt, ist größer als der Anteil Russlands. Laut Tabelle wissen wir, dass 7 + 4 = 11 % der Brasilianer im letzten Jahr ein Museum besucht haben, während nur 5 + 2 = 7 % der Russen dies taten. **Könnte die Nähe zu einem Museum den Unterschied im Prozentsatz erklären?** Die Antwort lautet **Ja**, denn die Nähe zu einem Museum macht den Museumsbesuch viel bequemer (weniger Zeitaufwand für die Anreise, weniger Kosten für die Fahrt zum Museum etc.). Die richtig Antwort lautet also ***Would help to explain***.

Lösungsweg für die erste Teilaufgabe

Kommen wir nun zu **Statement 2**. Hier steht sinngemäß, dass von den Ländern in der Tabelle die drei, die am meisten Geld für die Förderung ihrer Technikmuseen ausgeben, auch diejenigen sind, in denen die Wissenschaft am höchsten geschätzt wird. Wichtig ist hier zu verstehen, **dass beides nicht in der Tabelle zu finden ist**. Die letzte Spalte gibt uns nur die Gesamtausgaben für Museen, **nicht jedoch die einzelnen Ausgaben für Technikmuseen**. Auch zur Wertschätzung der Wissenschaft **steht nichts in der Tabelle**. Wählen Sie daher dieses Mal ***would not help to explain***.

Lösungsweg für die zweite Teilaufgabe

Der erste Teil von **Statement 3** sagt uns, dass Schweden halb so viel wie Russland für Museen ausgibt und dies stimmt überein mit den Informationen aus dem Ranking in der Tabelle (letzte Spalte). Im **zweiten Teil** erfahren wir, dass in Schweden die Menschen näher an Museen leben als in Russland (vermutlich weil Schweden viel kleiner ist als Russland, aber das ist für die Lösung nicht relevant). Diese Nähe zu den Museen k**ann die höhere Besucherzahlen erklären** (Drei ersten Spalten) und erklärt somit den scheinbaren Widerspruch zwischen den ersten drei Spalten und der letzten Spalte. Die richtige Antwort lautet also ***Would help to explain***.

Lösungsweg für die dritte Teilaufgabe

6.6 Two-Part Analysis

Bei Two-Part Analysis sind oft mathematische Kenntnisse abgefragt

Der nächste Fragetyp nennt sich „Two-Part-Analysis" und hat meist einen **mathematisch-logischen Hintergrund**. In einem kurzen Absatz werden ein Szenario und die für diese Aufgabe erforderlichen Variablen beschrieben. Die Frage besteht aus einer **Tabelle in der folgenden Form**.

Teilfrage 1	Teilfrage 2	
O	O	Antwortoption 1
O	O	Antwortoption 2
O	O	Antwortoption 3
O	O	Antwortoption 4
O	O	Antwortoption 5

Beide Teilaufgaben können auch die gleiche Antwort haben.

Die Fragen sind **teilweise oder vollständig miteinander verbunden** und **voneinander abhängig**. Sie kreuzen die Antwort zu Teilfrage 1 in der ersten Spalte und die Antwort zu Teilfrage 2 in der zweiten Spalte an. In einigen Fällen ist es möglich, dass beide Fragen die gleiche richtige Antwort enthalten. Sie können **nicht mehr als eine Antwort** in einer Spalte ankreuzen.

Dieser Fragetyp hat die geringste Trefferquote

Wie immer bei Integrated Reasoning **müssen Sie beide Spalten richtig beantworten, um für die Frage Punkte zu erhalten,** da es keine Teilpunkte gibt. Daher haben Sie hier mit 1/25 auch die geringste Trefferquote wenn Sie blind die Antwort raten (1/5 * 1/5).

6.7 Two-Part Analysis Übungsaufgabe

Nun schauen wir uns eine Übungsaufgabe für die Two-Part Analysis an.

A company is hired to construct two concrete retaining walls for a border region: An inner wall and outer wall. As part of their budget, they need to calculate the cost of the concrete used. For raw materials for the concrete, they pay $9.75 per cubic meter of concrete. The inner wall will be 35 cm thick, and will have dimensions of 11.5 m long and 8.1 m high. The outer wall will be 50 cm thick, and will have dimensions of 31.0 meter long 11.8 m high.
In the table, select the value that the closest to the cost of the concrete for inner wall as well as the cost of the concrete for outer wall. Make only two selections, one in each column.

Two Part-Analysis Übungsaufgabe

Inner wall	Outer wall	
○	○	$180
○	○	$320
○	○	$640
○	○	$1,800
○	○	$2,400
○	○	$4,200

Dieses Problem schreit förmlich nach **einer Schätzung**. Lassen Sie die Finger vom integrierten Rechner denn dieser ist eine riesige Zeitverschwendung bei dieser Frage. Hier ist ein Beispiel für eine Schätzung:

Der integrierte Taschenrechner kostet Zeit

Kosten für Beton ≈ 10 $ pro Kubikmeter Beton

Inner Wall= 1/3 m * 12m * 8m = 4m2 * 8m = 32-> ca. 320

Outer wall = 1/2m * 30m * 12m = 30m * 6 = 180m -> ca. 1.800

Die richtigen Antworten sind also die zweite von oben in der ersten Spalte und die vierte von oben in der zweiten Spalte. Kommen wir nun zum nächsten und auch schon letzten Fragetyp im Abschnitt Integrated Reasoning.

6.8 Graphics Interpretation

Bei diesem Fragetyp bekommen Sei ein **Diagramm** dargestellt und müssen dazu Fragen beantworten. Dies kann ein **Balken-** oder **Säulendiagramm**, ein **Kreisdiagramm** oder auch ein **Liniendiagramm** sein bzw. eine Kombination dieser Diagrammtypen.

Hier geht es um das Lesen von Diagrammen

In der Regel wird die Grafik oder das Diagramm v**on einer kurzen Frage begleitet**. Zum Teil beinhaltet die Aufgabe auch eine detaillierte verbale Erklärung bzw. ein **erläuternden Absatz**.

Bei diesem Fragetyp werden Dropdown-Menüs eingesetzt

Ein Teil eines Diagramms kann durch ein anderes Diagramm detailliert werden. Beispielsweise kann eine einzelne Säule in einem Säulendiagramm in Unterteilungen in einem Kreisdiagramm aufgeteilt werden. Alle Fragen **beinhalten Dropdown-Menüs**. Die Aufforderung zur Beantwortung der Frage besteht aus einem Satz, und an **einer bestimmten Stelle des Satzes gibt es eine Lücke**; in dieser Lücke befindet sich ein Dropdown-Menü mit 3-4 Auswahlmöglichkeiten.

Jede Frage besteht in der Regel aus **zwei Dropdown-Menüs**. Sie müssen wieder beide Teilfragen richtig beantworten um für die Frage Punkte zu erhalten, da es beim Integrated Reasoning keine Teilpunkte gibt.

Kommen wir nun zu den wichtigen Lösungsstrategien für diesen Fragetyp. Hier Sind die wichtigsten Strategien zusammengefasst.

Die wichtigsten Strategien für Graphics Interpretation

- Schätzen! Die Schätzung ist bei der grafischen Auswertung von entscheidender Bedeutung. Sie müssen nicht den genauen Wert auf dem Diagramm ablesen, wenn der Wert stimmt, eine Schätzung ist gut genug.
- Machen Sie sich mit den Diagrammtypen vertraut Üben Sie das Lesen der verschiedenen Diagrammtypen: Machen Sie sich damit vertraut, was die einzelnen Diagramme zeigen und was nicht.
- Lesen Sie den gesamten Text sorgfältig durch. Alle verbalen Informationen, die mit dem Diagramm geliefert werden, sollten nicht nur überflogen werden: Lesen Sie sie Wort für Wort, so sorgfältig wie möglich.
- Keine Angst vor der einfachen Antwort Grafiken machen im Allgemeinen komplizierte numerische Zusammenhänge leicht erkennbar, daher ist meist die offensichtliche Antwort auch richtig.

6.9 Graphics Interpretation Übungsaufgaben

Hinweis: Bei den Grafiken im GMAT werden normalerweise farblich klar getrennte Balken verwendet, die untenstehende schwarz/weiß Darstellung erschwert die Interpretation natürlich. Auch können in diesem Buch technisch bedingt keine Dropdown-Menüs dargestellt werden, daher gibt es die Fragen im klassischen Multiple-Choice Format.

The following graph shows the annual revenues of two wine makers, St. Eugene and Oak Valley, competing in the same market, over a recent six year period

Graphics Interpretation Übungsaufgabe

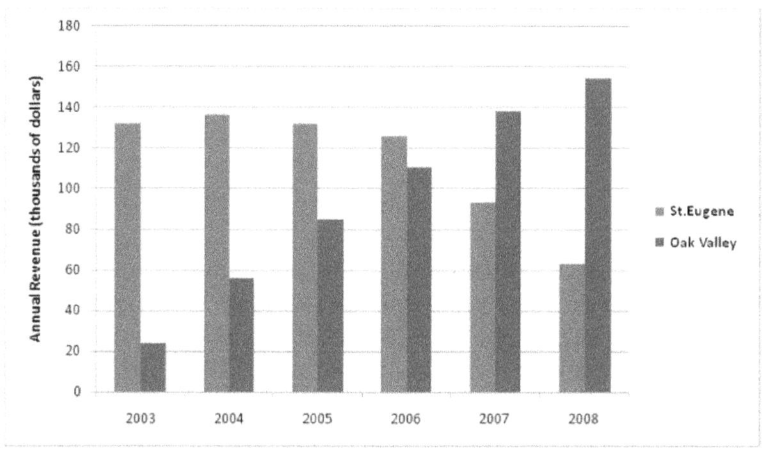

Graphics Interpretation Übungsaufgabe

Frage 1

1) Of the years shown, in the first year that Oak Valley's revenues overtook St. Eugene's revenues, how much more money did Oak Valley earn that year?

(A) $45,000
(B) $63,000
(C) $91,000
(D) $108,000
(E) $138,000

Bei dieser ersten Aufgabe ist es unsere Aufgabe **zunächst das richtig Jahr** zu finden. Das erste Jahr in dem der dunkle Balken höher ist als der etwas hellere ist das **Jahr 2007**. Wieviel höher ist hier der Balken? Dazu betrachten wir die **Skalierung der Y-Achse** und stellen fest, dass zwischen zwei Hilfslinien **immer 20** (tausend Dollar) sind. Daher wissen wir nun, dass **die Differenz etwas mehr als 40 sein mus**s (etwas mehr als zwei Hilfslinienabstände). **Daher bleibt Antwort A) $45,000**.

Abschätzen ist für diesen Fragetyp die übliche Lösungsstrategie

Graphics Interpretation Übungsaufgabe

Frage 2

2) What was the percentage decrease in St. Eugene's revenue from 2007 to 2008?

(A) 4.5%
(B) 11.4%
(C) 26.2%
(D) 32.2%
(E) 55.7%

Bei dieser Aufgabe haben wir nun die Jahreszahlen schon gegeben. Auch hier geht es wieder um **eine Abschätzung**. Betrachten wir zunächst den Umsatz im Jahr 2007. Dieser Betrug etwas über 90 (tausend Dollar). Der nächste Wert im Jahr 2008 ist etwas über 60, d.h. **ungefähr 30 Einheiten niedriger**. Der Umsatz ist also um rund ein Drittel zurückgegangen (30 / 90 = 1/ 3). **Die richtige Antwort ist also D) 32.2%.**

Dies war es schon zum Thema Integrated Reasoning und wir werden uns nun abschließend dem Thema Analytical Analytical Writing Assessment oder kurz dem Essay widmen.

7 Das Essay

Im Abschnitt Analytical Writing Assessment (AWA) oder kurz dem **Essay** haben Sie **30 Minuten Zeit** ein Essay zu einem **vorgegebenen Thema** zu verfassen. Je nachdem welche Reihenfolge Sie am Anfang des Tests festgelegt haben kommt dieser Testteil entweder gleich als erstes oder gegen Ende des Tests. Vor allem wenn Sie vorhaben sich international zu Bewerben sollten Sie sich in diesem Testteil Mühe geben, da z.B. bei Universitäten in den USA das Essay oft (zu einem kleinen Teil) mit in die Auswahl einfließt.

Sie haben 30 Minuten Zeit ein Essay zu verfassen

Wenn Sie eine hohe Total Score haben und im Essay nur wenige Punkte (die Skala des Essay-Bewertung geht von 0-6), dann werden Sie wohl dennoch zum Auswahlinterview eingeladen, dort wird dann aber sicherlich nochmal **Ihrem Sprachniveau** auf den Zahn gefühlt. Alle Universitäten an die Sie sich Ihre GMAT Score gesendet haben **können auch ihr Essay in voller Länge anfordern.** Während das in Europa eher unüblich ist, wird das grade in den USA gerne gemacht. Denn dort müssen Sie meist für die Bewerbung noch weitere Motivations-Essays abgeben, bei denen die Universität natürlich nicht feststellen kann ob Sie diese auch wirklich selbst geschrieben haben. **Beim GMAT Essay ist zumindest dies sichergestellt.** Schauen wir uns nun näher an was das eigentlich für ein Essay ist, dass Sie im GMAT schreiben müssen.

Das Essay spielt vor allem bei internationalen Bewerbungen eine Rolle.

7.1 Analysis of an Argument

Das Essay im GMAT nennt sich Analysis of an Argument und entspricht eigentlich dem schon besprochenen **Aufgabentyp „weaken-the-argument" aus dem Teil Integrated Reasoning**. Nur, dass Sie hier natürlich nicht einfach die richtige Lösung ankreuzen können, sondern diese selbst formulieren müssen. Sie bekommen dazu einen **etwas längeren Absatz**, also einen Text, den Sie ausführlich lesen sollten. Machen Sie sich **beim ersten Lesen schon Notizen welche Schwachstellen in der Argumentation vorliegen.** Diese kennen Sie schon aus dem Teil Integrated Reasoning. Kommt zum Beispiel ein kausales Argument vor (Ursache-Wirkung), dann suchen Sie nach alternativen Ursachen für die angegebene Wirkung.

Ihre Aufgabe im Essay ist es die vorhandene Argumentation zu hinterfragen

Prüfen Sie insbesondere welche **weiteren Voraussetzungen** gelten müssen, damit die Argumentation so gültig ist. Sie sollten beim ersten lesen **3-4 solcher Schwachstellen identifizieren.** Diese bilden dann im nächsten Schritt **die Basis um 3-4 Absätze** zu formulieren (zu jedem dieser Schwachstellen einen). Achten Sie darauf, dass Sie am Ende einen kurzen Absatz einbauen sollten, der ausdrückt, wie man die Argumentation hätte besser machen können (nämlich in dem man all die von Ihnen identifizierten Schwachstellen beachtet). Dies steht so auch

Versuchen Sie 3-4 Schwachstellen zu identifizieren

Sparen Sie Zeit und lessen Sie die Aufgabenstellung hier und nicht im Test

in der Aufgabenstellung, die Ihnen im GMAT angezeigt wird. **Um wertvolle Zeit zu sparen**, sollten Sie diese aber lieber hier vorab lesen, da Sie immer gleich ist. Hier ist die Aufgabenstellung aus dem GMAT einmal im Original und einmal auf Deutsch übersetzt:

Aufgabenstellung im Original

Discuss how well reasoned you find this argument. In your discussion be sure to analyze the line of reasoning and the use of evidence in the argument. For example, you may need to consider what questionable assumptions underlie the thinking and what alternative explanations or counterexamples might weaken the conclusion. You can also discuss what sort of evidence would strengthen or refute the argument, what changes in the argument would make it more logically sound, and what, if anything, would help you better evaluate its conclusion.

Aufgabenstellung auf Deutsch

Diskutieren Sie, wie gut Sie diese Argumentation finden. Analysieren Sie in Ihrer Diskussion die Verwendung von Argumenten und Belegen. Überlegen Sie zum Beispiel, welche fragwürdigen Annahmen der Argumentation zugrunde liegen und welche alternativen Erklärungen oder Gegenbeispiele die Schlussfolgerung entkräften könnten. Sie können auch erörtern, welche Art von Beweisen die Argumentation stärken oder widerlegen würde, welche Änderungen an der Argumentation sie logisch fundierter machen würden und was Ihnen helfen würde, die Schlussfolgerung besser zu bewerten.

7.2 Das Vorgehen beim Essay

Wir wollen nun das generelle Vorgehen beim Essay-Teil des GMAT kurz besprechen. Hierzu folgende hilfreiche Checkliste:

Die wichtigsten Strategien für das Essay

1. Lesen Sie das Thema und sparen Sie die Aufgabenstellung darunter aus (diese sollten Sie nun kennen).
2. Versuchen Sie Argumente und Schlussfolgerung zu trennen.
3. Versuchen Sie die Annahmen, auf denen diese Argumentation beruht, zu finden und schreiben Sie sie diese am besten auf (die Aufgabe besteht darin, die Argumentation im Text zu entkräften)
4. Prüfen Sie die im Text vorgetragenen Argumente und stellen Sie fest, ob sie zum Beweis der Schlussfolgerung beitragen.
5. Schreiben Sie das Essay in 4-5 Absätzen unter Verwendung der Essay-Vorlage (kommt noch).

6. Denken Sie daran, am Ende aufzuzeigen, wie das Argument gestärkt werden könnte.

7. Lesen Sie den Aufsatz durch und überarbeiten Sie ihn im Hinblick auf Grammatik und Rechtschreibung (max. 3-5 Min).

Um ein 6-Punkte Essay zu schreiben (Dies ist die Maximalpunktzahl im GMAT), gibt es einiges zu beachten. Daher schauen wir uns im nächsten Schritt an was eigentlich die Bewertungskriterien für das Essay sind.

7.3 Bewertungskriterien für das Essay

Wer bewertet eigentlich das Essay?

Bevor wir klären was bewertet wird, sollten wir zunächst darauf eingehen **wer das Essay bewertet**. Das Essay wird im GMAT von zwei unabhängigen Instanzen bewertet: von einem **Computer-Programm** namens E-Rater und von einer **echten Person**. Liegen die Bewertungen mehr als einen Punkt auseinander so wird das Essay noch von einer weiteren Person bewertet. Daher erhalten Sie die Essay-Punktzahl (im Score-Report mit „AWA" abgekürzt) erst mit dem **Official Score Report einige Tage nach dem Test**. Dabei sollten ihnen bewusst sein, dass die Person, die Ihr Essay liest, jeden Tag hunderte Essays bewertet. Wir können dies natürlich nur vermuten, jedoch wird diese Person wahrscheinlich ihr Essay sicherlich nur überfliegen. Auch das Computerprogramm kann sicherlich nicht ihre Finessen in der Argumentationsführeng erkennen und wird daher Argumente die „Out-of-the-Box", also **besonders kreativ** sind **nicht erkennen** können. Hieraus ergeben sich **wichtige Strategien für das Essay**, die in der folgenden Liste zusammengefasst sind.

Ihr Essay wird vermutlich nur überflogen

Sie sollten wissen was für die Bewertung des GMAT Essays wichtig ist

Was ist wichtig für ein GMAT Essay:

- Klarer, gut organisierter Aufbau (Absätze und Gliederungswörter verwenden)
- Klare Identifizierung des Hauptkritikpunktes und eine überzeugende, logisch aufgebaute Analyse des Themas mit fließenden Übergängen
- Satzvielfalt (mischen Sie lange und kurze Sätze und variieren Sie die Wortfolge)
- Länge. Ein 6-Punkte Essay muss eine gewisse Länge haben (Beispiel folgt).

Andere Aspekte werden im GMAT jedoch nicht bewertet

Was NICHT ist wichtig für ein GMAT Essay:

- Kreative und originelle Argumente (könnten sich sogar negativ auf Ihre Punktzahl auswirken, wenn der E-Rater die hinterlegten Stichwörter nicht findet)
- Perfekter und fehlerfreier Gebrauch der englischen Sprache (einige Rechtschreibfehler sind in Ordnung und auch ein 6-Punkte Essay darf einige Rechtschreibfehler beinhalten).

7.4 Essay Templates

Essay Templates bieten vorformulierte Textbausteine

Wer sich sorgfältig auf das Essay vorbereiten will, der kann sich eine **Vorlage für die Grundstruktur des Essays zurechtlegen**, die man unabhängig vom Thema bei der Formulierung des Essays anwenden kann. Hierfür finden sich im Internet unzählig Vorlagen. Sie sollten jedoch versuchen sich eine **eigene Vorlage** zu bauen. Hier zur Inspiration ein Vorschlag wie eine solche Essay-Vorlage aussehen kann.

Absatz 1:
The argument that ... (hier Fazit aus dem Text einfügen)........... *is questionable since some relevant assumptions are completely ignored.*

Absatz 2:
First of all it is assumed that...

Absatz 3:
Second it is never mentioned that..

Absatz 4:
...

Absatz 5:
Finally, the arguments leaves out the important aspect of................
Therefore the argument is not entirely convincing. The evidence does not prove the conclusion that............since it.........................

Absatz 6:
Concluding, the argument could have been made more plausible by...

Ein sehr einfaches Beispiel für ein Essay Template

Wie Sie sehen geht es bei einer Essay-Vorlage darum zum einen die Grundstruktur für einen Leser sehr klar zu machen und zum anderen darum die Absätze sehr **elegant ein- bzw. überzuleiten**.

7.5 Essay-Übungsaufgabe

Wir wollen uns nun abschließend eine **Analysis of an Argument Übungsaufgabe** ansehen. Die Aufgabenstellung ist dabei ausgespart, da wir diese ja schon weiter oben besprochen haben. Versuchen Sie sich circa **3 Minuten** zu nehmen um diesen kurzen Abschnitt zu lesen und Ihr Essay vorzubereiten. Dann starten Sie das schreiben, so dass Sie am Ende noch 3-5 Minuten für eine Korrekturschleife haben. Denken Sie dabei an die **Check-Liste**, die wir besprochen haben.

Ein letztes Mal heißt es: Zeit zu Üben

Analysis of an Argument Übungsaufgabe

> The following text appeared in an annual report sent to investors by FIVE CHEFS, a company producing frozen foods. "It is widely known that the costs of processing go down because as organizations learn how to improve their operations, they become more efficient. In the airline industry, for instance, the cost of a flight from Amsterdam to New-York fell from an average of 1,500 $ in 1995 to less than 500$ in 2005. The same principle applies to the processing of food. And since FIVE CHEFS will soon celebrate its twentieth birthday, we can expect that this long experience will enable us to minimize costs and thus maximize profits."
>
> Discuss how well reasoned ...

Die Schwachstellen sollten Ihnen aus Critical Reasoning bekannt sein

Haben Sie die vielen Schwachstellen in der Argumentation erkannt? Der Text bietet wirklich **sehr viele Angriffspunkte**. Beispielsweise könnten Sie erwähnen, dass die Industrien (Fluglinien und Lebensmittel) nicht vergleichbar sind (Vergleichsfehler) oder dass es neben den Produktionskosten noch viele weitere Einfluss Faktoren für den Unternehmenserfolg gibt (Kausal-Fehler).

Hier gibt es nicht die eine „perfekte Lösung"

Nachfolgend **ein Beispie**l wie ein **6-Punkte Essay** zu diesem Thema formuliert sein könnte. Beachten Sie dabei aber, dass es hier natürlich **nicht nur eine 6-Punkte Lösung gibt** und dass Sie auch mit völlig anderen Argumenten die maximale Punktzahl erreichen können. Achten Sie beim Lesen dieser Musterlösung auf die **Einleitungen der Absätze und die Überleitungen**, dies können Ihnen weitere Inspiration für ihr Template geben.

Beispiel Essay (6-Punkte).

In this text to shareholders the author concludes that with long experience of 20 years, FIVE CHEFS will be able to maximize profits and minimize costs because the processing cost has gone down in the airline industry. The underlying line of reasoning is that the same approach in the airline industry should be applicable to the other industries as well. This argument is not reasonable, however, because the developments in the food industry might not be comparable to the developments in the airline industry.

Firstly, the argument assumes that the airline industry is similar to the food industry. In the food industry the processing of products requires a high amount of manual labor, which amounts to substantial costs and it is very likely that these labor cost rather rise than fall over time. Airlines, on the other hand, have benefited from unpreceded technological advancements, such as more efficient engines and aerodynamics. Therefore, it is possible that the cost-cutting approach from the airline industry is not applicable to the food industry.

Secondly, the author failed to address the many other factors that are important to a company's success. Maximization of profits can be achieved by low cost of production. But it's not the only factor to consider. Other factors such as the market demand for the product, the selling price, and the overall competition in the market should also be taken into consideration. Today, consumers exert substantial power in the marketplace. If other companies' products are available at lower price with same quality or at a comparable price with higher quality, then consumers won't buy the FIVE CHEF's product. Therefore, if most consumers choose other products or change their tastes and preferences, then the goals of higher profits and lower cost can't be attained.

Lesen Sie dieses Beispiel aufmerksam durch. Viele Textbausteine könnten Sie auch verwenden

Finally, the author did not include any information on FIVE CHEF's management approach. Rather, the passage just mentioned the long experience of twenty years in the food industry. While there is certainly some relationship between long experience and ability to maximize profit, it is not always the case. If the FIVE CHEF management fails to accumulate valuable experience, such as learning from their failures, then FIVE CHEF's long experience will not enable them to minimize costs and thus maximize profits.

In sum, the argument is not compelling because it omits many factors that should be addressed in order to make a proper conclusion. If the text had considered the difference between airlines and the food industry, the consumer perspective and the product quality, the argument would be more convincing.

8 Nächste Schritte

Zeit zu feiern, aber der Weg ist noch weit, denn nur mit viel Übung kann die Top-Score gelingen

Nun haben Sie es tatsächlich geschafft. Sie haben das Buch und alle Übungen durchgearbeitet und können zurecht **Stolz auf sich sein**. Den Test haben Sie aber (vermutlich) noch nicht geschrieben und es kann sein, dass Sie auch noch einige Woche der Vorbereitung vor sich haben. Lassen Sie uns daher nach diesem kurzen Jubel (Auch kleine Erfolge sollten gefeiert werden) auf die **nächsten Schritte für die GMAT Vorbereitung** schauen. Falls Sie bisher keinen GMAT **Probetest** geschrieben haben, wäre jetzt sicherlich ein guter Zeitpunkt dafür. Schauen Sie dafür doch nochmal in Kapitel 3.2, dort steht im Detail, wo Sie Probetests finden können.

Vergessen Sie beim Üben nicht den Error-Log

Sie kennen nun alle Techniken und Strategien, die Sie brauchen, um eine Top-Score zu erreichen. Um jedoch am Testtag wirklich erfolgreich zu sein, brauchen Sie vor allem eines: **Übung**. Versuchen Sie daher in den nächsten Tagen und Wochen möglichst viel mit originalen GMAT-Fragen zu üben. Diese finden Sie a**usschließlich im Buch „The Official Guide"** des Testherausgebers GMAC. Auch hier lohnt nochmal der Blick in Kapitel 3.2. Sie sollten sich eine feste Trainingsroutine zurechtlegen und Übungseinheiten zum Beispiel fest im Kalender einplanen. Achten Sie dabei darauf, dass Sie **genügend Zeit** nach jeder Frage oder nach jedem kurzen Frageblock einplanen um die Lösungen zu lesen und d**as eigene Vorgehen zu reflektieren**. Denken Sie dabei unbedingt an den **Error-Log**. Vielleicht ist daher jetzt auch guter Zeitpunkt nochmal in Kapitel 3.4 Error-Log zu schauen.

Nehmen Sie sich die Zeit für eine ausreichende Vorbereitung

Wieviel Zeit Sie nun noch für die weitere Vorbereitung einplanen sollen hängt im Wesentlichen davon ab, **wie weit Ihr Probetest-Ergebnis nun noch von der angestrebten Punktzahl entfernt ist**. Auch hierfür lohnt es sich nochmal in Kapitel *3.1 Zeitaufwand* zu schauen. In jedem Fall sollten Sie sich ausreichend Zeit für die Vorbereitung nehmen, dies wird Ihnen in jedem Fall auch zu mehr Punkten (und vielleicht auch einer ruhigeren Nacht vor dem Test) verhelfen.

Abschließend bleibt es mir nur Ihnen viel Erfolg bei der weiteren Vorbereitung zu wünschen und Ihnen für den Test die Daumen zu drücken. Bei Fragen können Sie mich jederzeit kontaktieren und auch über einen Bericht wie Ihr persönlichen „Abenteuer GMAT" gelaufen ist freue ich mich immer.

Alles Gute und viel Erfolg!

9 Anhang

9.1 GMAT Testcenter Deutschland/ Österreich/ Schweiz

Frankfurt
Pearson Professional Centers
Bettinastr. 62
60325 Frankfurt am Main
Telefon: +49 (0)69-7409 3624

Düsseldorf
IIK Düsseldorf e.V.
Eulerstraße 50
40477 Düsseldorf
Tel. +49 (0)211-566220

Berlin
New Horizons CLC
Berliner Straße 112a
13189 Berlin
Tel. +49 (0)30-206 39-50

München
CBT Training & Consulting GmbH
Elektrastr. 6a, 4. Etage
D-81925 München
Tel. +49 (0)89 4576918-0

Düsseldorf
IIK Dusseldorf e.V.
Palmenstrasse 25
40217 Dusseldorf
Germany
Tel. +49 211 566220

Österreich

Wien:
OeAD International Testing Services
Ebendorferstrasse 6 / 3rd floor
A-1010 Wien
Tel. + 43 15336533

Schweiz:
Lausanne

ISEIG
Avenue des Boveresses 52
CH – 1000 Lausanne 21
Tel. +41 21 654 40 60

St. Gallen
University of St Gallen
Gatterstrasse 3
CH-9010 St. Gallen
Tel. +41 71 224 2580

Zürich
Helidux Academy
Alderstrasse 40
CH-8008 Zürich
Tel. + 41434979081

9.2 Liste häufiger GMAT Begriffe und Ihrer Bedeutung

Analyze:	To examine a passage or argument, in the context of the GMAT and break it down into its constituent parts; to inspect in detail.
Assertion:	A statement, usually backed up by some kind of solid proof or reasoning. Synonyms include 'claim' and 'contention.'
Assumption:	The underlying reasoning of an argument. 'Premise' is a synonym. You'll be asked about the assumptions of various arguments frequently in Critical Reasoning questions in the GMAT Verbal section.
Cite:	To refer back to your source or reasoning.
Claim:	An assertion, argument, or statement.
Contention:	Can mean a conflict or clash. In the context of the GMAT, usually refers to an argument or assertion, especially a controversial one. The verb form is 'to contend.'
Corroborate:	To support or validate an existing opinion, belief, or argument. Other synonyms include 'verify' and 'confirm.' Often used in the phrase 'corroborating evidence.'
Faulty:	Some Critical Reasoning questions may ask you if or how an argument is faulty. Faulty is a synonym for 'flawed' or 'invalid.'
Imply:	To imply is to suggest based on evidence (but not state explicitly).
Infer/Inference:	To infer is to conclude based on given evidence/information.
Maintain:	In the context of the GMAT, 'maintain' means to argue, assert, or contend, particularly repeatedly or after opposition.

Mitigate:	To lessen, diminish, or render less extreme or severe. Often used in the phrase 'mitigating circumstances,' which refers to circumstances that make a crime more understandable but don't entirely exonerate someone of his/her crime.
Paradox:	This is common in GMAT Critical Reasoning questions in the Verbal section. A paradox is something that is seemingly contradictory or doesn't make sense or two facts that don't seem to coexist logically.
Posit:	To posit is to present an argument or hypothesis about something that is currently unknown or uncertain.
Premise:	A premise is a statement upon which an argument or theory is based.
Redundancy:	'Redundancy' refers to something (a word, phrase, or piece of information) that's repetitive and thus meaningless or unnecessary.
Sufficient:	'Sufficient,' in the context of the GMAT, means 'enough on its own.'
Undermine:	To weaken or invalidate (usually an argument, in the context of the GMAT).
Validate:	Often used interchangeably with 'corroborate.
Warranted:	'Warranted' means justified, deserved, or necessary.

RAUM FÜR IHRE GMAT NOTIZEN

RAUM FÜR IHRE GMAT NOTIZEN

RAUM FÜR IHRE GMAT NOTIZEN

RAUM FÜR IHRE GMAT NOTIZEN

RAUM FÜR IHRE GMAT NOTIZEN

RAUM FÜR IHRE GMAT NOTIZEN

RAUM FÜR IHRE GMAT NOTIZEN

RAUM FÜR IHRE GMAT NOTIZEN

RAUM FÜR IHRE GMAT NOTIZEN

RAUM FÜR IHRE GMAT NOTIZEN

www.ingramcontent.com/pod-product-compliance
Ingram Content Group UK Ltd.
Pitfield, Milton Keynes, MK11 3LW, UK
UKHW061658200726
13853UKWH00013B/2465